Thomas Keemss

RHYTHMUS GROOVE PERCUSSION IM MUSIKUNTERRICHT

Übungsanleitungen und Kopiervorlagen

√ Methodisch vermittelt
√ Leicht umgesetzt
√ Nachhaltig erlernt

Auer Verlag

Gedruckt auf umweltbewusst gefertigtem, chlorfrei gebleichtem und alterungsbeständigem Papier.

1. Auflage 2013
Nach den seit 2006 amtlich gültigen Regelungen der Rechtschreibung

Umschlagbild: fotolia.com © Peter Kögler
Satz: Fotosatz H. Buck, Kumhausen
Druck und Bindung: Kessler Druck + Medien GmbH, Bobingen
ISBN 978-3-403-**07144**-0

www.auer-verlag.de

Inhaltsverzeichnis

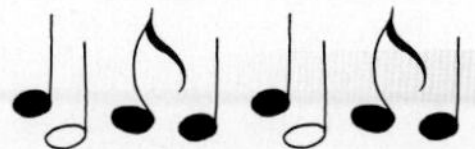

Percussion-ABC in Stichworten

Groove & Percussion

Grooves für Body Percussion und Vocussion

Talking Drums

Groove & Percussion für die Klasse

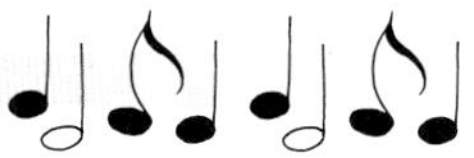

Einleitung

Rhythmus und Percussion

Rhythmus und Percussion gehören sowohl in musikalischer als auch in methodischer Hinsicht zu den attraktivsten und vielseitigsten Medien des Musikunterrichts. Durch die unmittelbare Nähe zur stil- und kulturübergreifenden musikalischen Erlebniswelt des Rhythmus ist das Spiel mit Percussion für den aktiven Erwerb von musikalischen Fertigkeiten und Fähigkeiten geradezu prädestiniert.
Der hohe Aufforderungscharakter der Percussion, die voraussetzungslose Art der Klangerzeugung und der niedrige Leistungsdruck sorgen für einen großen Spielanreiz. Sie wecken die Neugier, etwas auszuprobieren, und steigern die Motivation, musikalisch aktiv zu werden.
Das elementare Wirkungspotential von Rhythmus und Percussion mit dem unmittelbaren Bezug zum Körper, zur Stimme und zum motorischen Konzept wird auf diese Weise zum perfekten Lernangebot für Einzelne, Gruppen sowie ganze Schulklassen. Als Vermittlungsansatz bietet sich eine Vorgehensweise vom handlungsorientierten zum erlebnisorientierten Üben bzw. aktiven Musikmachen an.

Die spielpraktischen Angebote sollten auf folgende Zielsetzung ausgerichtet sein:
- Förderung und Bildung der natürlichen rhythmischen Veranlagung zur rhythmischen Fertigkeit
- Prägung und Sicherung des motorischen Konzepts (Synchronisation und Koordination)
- Entwicklung der rhythmischen Fähigkeit zur Rhythmuskompetenz und Festigung

Hinweise zum Praxisteil

Dieser Band bietet Ihnen leichte, aufeinander aufbauende Übungsanleitungen, die Rhythmus und Percussion für die Schüler mit allen Sinnen erfassbar, erlebbar und letztlich auch erlernbar machen.
Unabhängig von der unterschiedlichen motorischen Vorprägung und der kognitiven Entwicklung der Schüler, ist die Vermittlung von Grundlagenwissen und die Anleitung zu praktischen Basisfertigkeiten (Basics) die Grundvoraussetzung, um anschließend die rhythmische Fertigkeit zu fördern und zu bilden. An diesem Punkt setzen die einzelnen Lernbausteine des Bandes an, deren praktische Spielvorschläge sich an der körpereigenen Bewegungsorganisation des Binärsystems (zweiteilig organisierte Einheiten sowie deren Umsetzung) orientieren. Über die Basics hinaus widmen sich die einzelnen Lernbausteine der schrittweisen Erschließung eines Themenfeldes. Die Übungsanleitungen steigen nach und nach in ihrem Schwierigkeitsgrad und folgen so der Progression vom Leichten zum Schweren.

Die einzelnen Themenfelder sind in folgende Lernstufen untergliedert:

- Einstieg (einfach)
- Vertiefung (mittel)
- Anwendung (fortgeschritten)
- Rückblick und Ausblick

Zu Beginn jeder Einheit ist im Rahmen einer Einführung in das jeweilige Themenfeld das entsprechende Hintergrundwissen zur Vermittlung, Anleitung und Erprobung von Übungen und Spielideen im musikalischen Kontext knapp zusammengefasst.

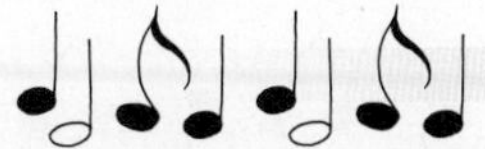

Jeder Lernstufe sind Übungsanleitungen zugeordnet, jede Übungsanleitung bietet zu Beginn eine Auflistung zu:

- Zeit
- Material
- Lernebene
- Sozialform
- Schwierigkeitsgrad

Einzelne Übungsanleitungen enthalten zusätzlich ein Schülerblatt (Übungsblatt). Dieses Arbeitsblatt dient als Kopiervorlage für die Schüler und enthält knappe Übungsanleitungen, Notenbeispiele und Tipps zur Erarbeitung der Notenbeispiele.

Ergänzung: CD „Trommeln lernen und mehr“

Eine ideale Ergänzung zu diesem Band stellt die CD „Trommeln lernen und mehr“ (Bestell-Nr. 05892) dar.
Die Hörbeispiele und Play alongs der CD laden dazu ein, sich spielerisch in die Soundvielfalt der Welt des Rhythmus und der Percussion Lateinamerikas, Afrocubas, Afrikas und des Orients begleiten zu lassen.
Die 16 live eingespielten Tracks eignen sich sowohl für Höraufgaben zu Timing, Tempo und Takt als auch als musikalisiertes Metronom und rhythmischer Begleiter für praktische Übungseinheiten der einzelnen Lernbausteine des vorliegendes Bandes.
Auf der einfachsten Lernstufe können sich die Schüler nahezu voraussetzungslos darin üben, den Beat der Stücke mitzuklatschen, mitzugehen, mitzuzählen oder mitzuspielen. Schon etwas geübtere Schüler können, auf der mittleren Lernstufe angekommen, versuchen, einen Groove zu einem Play along zu spielen, um sich dabei in klangvoller Gesellschaft einer ganzen Percussion-Gruppe erleben zu können. Fortgeschrittene können sich schließlich darin versuchen, kreativ über einen Track zu solieren und zu improvisieren.
Mit dem nötigen Know-how und Spielroutine ausgestattet, können schließlich die in diesem Band abgedruckten ausnotierten Spielpläne zu den 16 Tracks der Play-along-CD in Angriff genommen werden. Diese Spielpartituren stellen mit ihrer elementaren Rhythmusnotation den idealen Einstieg zur Erarbeitung von Einzelstimmen und der Orchestrierung in beliebiger Ensemblebesetzung dar.

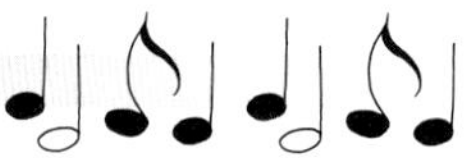

Hintergrundwissen

Rhythmisch musikalische Grundlagen: Grundschlag – Beat – Pause – Takt – Viertelnoten

Für die praktische Rhythmusarbeit erweist sich eine Tempospanne zwischen 85 und 120 bpm (= beats per minute) als ideal, um über körpernahe Bewegungsabläufe aktiv zu werden. Ergebnisse der Rhythmusforschung zeigen, dass wir uns mit einem Referenztempo zwischen 85 und 120 bpm an der grundlegenden Art der menschlichen Fortbewegung – dem Gehen – orientieren. Der 2er-Takt ist durch den geregelten Wechselschritt im musikalischen Wechselspiel von betont und unbetont ein für uns natürlicher Ablauf und nicht weiter schwer zu erlernen. Durch die Wiederholung des Wechselschritts erschließt sich die uns vertraute 4er-Taktform.
Die Bewegung alleine garantiert jedoch noch nicht, dass der Rhythmus erfasst, die rhythmische Fähigkeit ausgeprägt und Rhythmusgefühl gesichert wird. Hierzu bedarf es der weiteren gezielten Förderung.

Versuchen wir also, den Basics des Rhythmus Schritt für Schritt auf die Spur zu kommen, ihn mit einer kleinen Flussübung kennenzulernen, zu entdecken, zu erschließen und zu erleben.

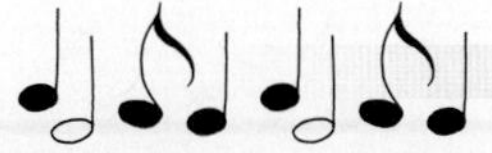

1. Beat, Tempo, Takt

Zeit	ca. 5 Minuten pro Übung
Material	Body Percussion (klatschen, tippen, tappen, stampfen, gehen), Stimme (zählen)
Lernebene	gezielte Aufmerksamkeit, rhythmische Synchronisation
Sozialform	ganze Klasse gemeinsam (unisono) im Stehen am Platz oder im Gehen, Klasse in einzelne Gruppen geteilt
Schwierigkeitsgrad	leicht

Grundübung

(Lehrer und Schüler zusammen)

- Die Schüler stellen sich den Sekundenschlag einer Uhr vor und versuchen, ihre Tempovorstellung durch Klatschen hörbar zu machen. Jeder Schüler klatscht zunächst für sich.
- Die Schüler versuchen, sich in einem Tempo zu finden und das Tempo im Gleichschlag exakt zusammen zu klatschen (Timing und Synchronisation). Die Schüler müssen zunächst auf das Zusammentreffen der Klatschbewegung, dann auf die gleichmäßige Bewegung der Hände beim Öffnen und Schließen und schließlich auf die Balance der Spiellautstärke achten, um anschließend den ruhigen rhythmischen Fluss noch eine geraume Zeit zu genießen.

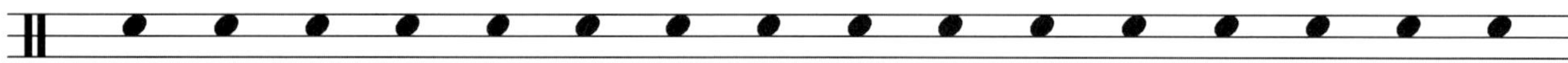

Tipp

- Die Schüler dürfen nur so laut klatschen, dass sie ihren Nachbarn noch gut hören.
- Die Schüler zählen zu jedem Schlag laut und deutlich im 4er-Takt (1 2 3 4 1 2 3 4 usw.). Dabei sollten sie darauf achten, dass Zähllaut und Schlag exakt zusammentreffen.

Variation 1

- Die Schüler gehen kreuz und quer durch das Klassenzimmer. Sie versuchen, im regelmäßigen Tempo der Gehbewegung zu klatschen, gleichzeitig zählen sie zu jedem Schlag im 2er-Takt (1 2 1 2 usw.).
- Die Schüler laufen im Eilschritt durch das Klassenzimmer. Sie klatschen regelmäßig und zählen gleichzeitig zu jedem Schlag im 3er-Takt (1 2 3 1 2 3 usw.)
- Die Schüler wählen eine Taktart (2er-, 3er- oder 4er-Takt) und ein gemeinsames Tempo. Sie tippen die Zählzeiten regelmäßig mit den Fingerspitzen in der Handinnenfläche mit (leise), gleichzeitig zählen sie den Takt gut hörbar.

→ Diese Übung stabilisiert den Rhythmus sowie das Gefühl für das Zählen.
Haben die Schüler einen stabilen Rhythmus gefunden, versuchen sie, jeweils die 1. Zählzeit (Zz) einer Taktwiederholung mit einem lauteren Klatschen (Akzent) zu betonen. Nach und nach lassen sie dann die Zähllaute verklingen.

Variation 2

- Die Klasse wird in zwei Gruppen geteilt. Die beiden Gruppen versuchen, verschiedene Taktformen in einem gemeinsamen Tempo übereinander zu bringen. Die erste Gruppe zählt dabei im 4er-Takt, die zweite Gruppe im 3er-Takt. Die Schüler sollten darauf achten, jeweils die 1. Zählzeit (Zz) zu betonen.
- Jeder Schüler versucht, sein Wohlfühltempo zu ermitteln. Hierzu klatscht jeder für sich leise sein Tempo. Anschließend wird das Wohlfühltempo einzelner mit einem Metronom bestimmt.
- Die Schüler stellen am Metronom ein neues Grundtempo (z. B. Grundschlag 120 bpm) ein und klatschen synchron zum Metronomschlag.
- Die Schüler wählen unterschiedliche aktuelle Musiktitel aus. Sie klatschen zunächst eine Zeit lang den Rhythmus der einzelnen Titel mit, anschließend versuchen sie, das jeweils geklatschte Tempo mit einem Metronom zu bestimmen.

! **Metrum** (messen) und **Rhythmus** (fließen) gehören stets zusammen und ergeben gemeinsam Takt und Groove. In der Musik vertritt das Metrum die ordnende und regelnde Gliederung, der Rhythmus verleiht dem Geschehen seine Lebendigkeit. Rhythmus ist belebtes Metrum.
Treffen Grundschlag (Metrum) und Bewegung (Rhythmus) im einfachen Verhältnis der Zuteilung aufeinander, steht für die Gestaltung von Spielmodellen (Takt, Modell, Pattern, Groove) nur der Beat oder die Pause zur Auswahl.
Jeder Beat fordert dazu auf, eine Handlung, d. h. eine einfache Schlagbewegung (klatschen, patschen, trommeln), auszuführen. Hierbei soll zunächst bevorzugt die Hand benutzt werden, mit der auch alltägliche Handlungen wie Schreiben oder Zähneputzen ausgeführt werden. Die Pause hingegen steht für die Unterbrechung der Schlagbewegung.

Beat

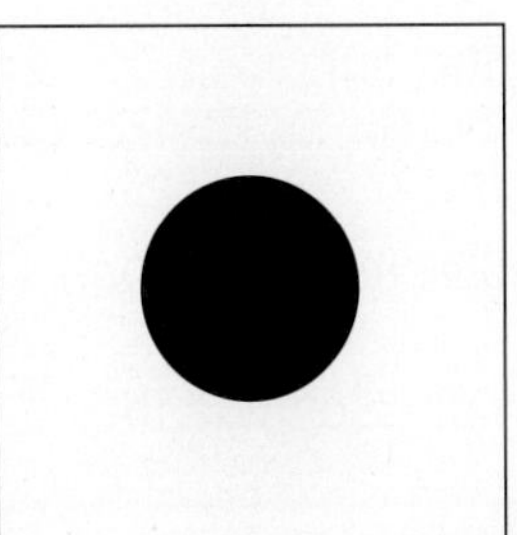

Pause

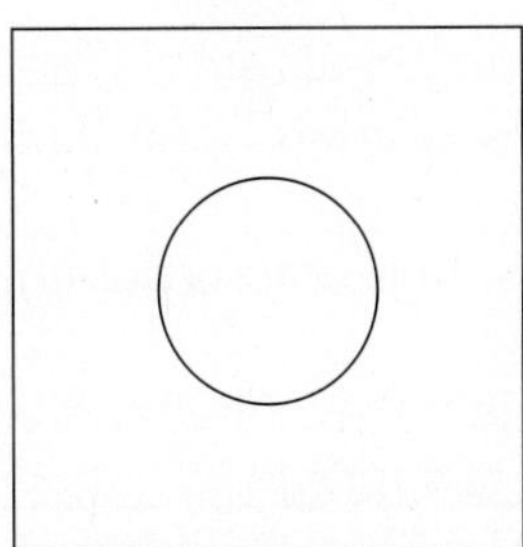

Durch das Wechselspiel von Beat und Pause kommt Spannung in das Spiel.

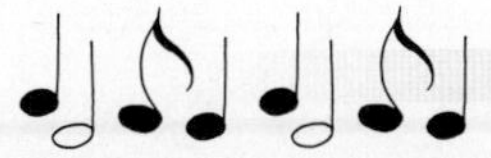

2. Aktion – Pause

Zeit	ca. 5 Minuten pro Übung
Material	Body Percussion (klatschen, tappen, stampfen, gehen), Stimme (zählen)
Lernebene	gezielte Aufmerksamkeit, rhythmische Synchronisation
Sozialform	ganze Klasse gemeinsam (unisono) im Stehen am Platz oder im Gehen, Klasse in einzelne Gruppen geteilt
Schwierigkeitsgrad	leicht/mittel

Grundübung

(Lehrer und Schüler zusammen)
Die Notenzeile kann als Übungsbeispiel an die Tafel geschrieben bzw. auf Folie kopiert und auf den Overheadprojektor gelegt werden.

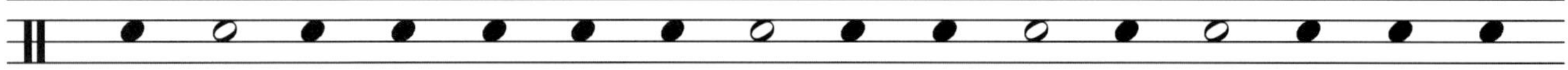

- Die Schüler nehmen den Grundschlag (Beat/Metrum) in einem ruhigen Gehtempo auf.
- Bei einem ausgefüllten Notenkopf wird der damit verknüpfte Beat durch ein gut hörbares Klatschen als Aktion markiert.
  Bei einem unausgefüllten Notenkopf wird das Klatschen unterbrochen, die Schüler laufen jedoch im Tempo des Grundschlags weiter.
- Die Notenzeile wird zunächst mehrfach durchgespielt. Anschließend versuchen die Schüler, im 4er-Takt zum Rhythmusspiel zu zählen (1 2 3 4 1 2 3 4 usw.)
- Nach ein paar Durchläufen prägen sich die einzelnen Muster/Patterns als wiederkehrender Rhythmus ein. Sie werden vertraut und mit der Zeit können die Schüler die Notenzeile auswendig.

Variation

- Die Schüler zählen gemeinsam in unterschiedlichen Taktformen, z. B. im 2er-Takt (1 2 1 2 usw.), 3er-Takt (1 2 3 1 2 3 usw.), 5er-Takt (1 2 3 4 5 1 2 3 4 5 usw.).
- Die Klasse wird in einzelne Gruppen geteilt. Jede Gruppe zählt in einer anderen Taktform. Die Schüler erleben so, wie sich die Zählzeiten der anderen Gruppen im Vergleich zur eigenen Zählzeit verschieben. Die Schüler sollten einerseits dem gemeinsamen Spiel aufmerksam zuhören, sich andererseits aber nicht aus dem Konzept, der Zählzeit ihrer Gruppe, bringen lassen.

3. Rhythmus mit Händen und Füßen

Zeit	ca. 5 Minuten pro Übung
Material	Body Percussion (klatschen, tappen, stampfen, gehen), Stimme (zählen)
Lernebene	Körperwahrnehmung, Koordination, Konzentration
Sozialform	ganze Klasse gemeinsam (unisono) im Stehen am Platz oder im Gehen
Schwierigkeitsgrad	leicht/mittel

Grundübung 1

(Lehrer und Schüler zusammen)
- Die Schüler nehmen den Grundschlag in einem Marschtempo auf.
- Haben alle Schüler das Tempo gefunden, laufen sie in diesem Tempo im Wechselschritt (rechts – links) am Platz weiter.
- Die Schüler versuchen nun, synchron zum rechten Fuß der Wechselschrittbewegung den Beat zu klatschen und dieses Spiel eine gute Zeit beizubehalten.
- Anschließend wird gewechselt. Die Schüler versuchen nun, synchron zum linken Fuß der Wechselschrittbewegung den Beat zu klatschen.
- Abschließend wird synchron zu jedem Schritt geklatscht.

Tipp

- Die Schüler marschieren im Gleichschritt kreuz und quer durch das Klassenzimmer. Jeder Schüler kann frei entscheiden, welches Modell er klatscht (synchron zum rechten Fuß der Wechselschrittbewegung, synchron zum linken Fuß, synchron zu jedem Schritt). Zudem können sie jederzeit frei in ein anderes Modell wechseln.

Grundübung 2

Übungsblatt – Rhythmus mit Händen und Füßen

(Lehrer und Schüler zusammen)
- Die Schüler treten den Grundschlag im Wechselschritt (rechts – links) auf der Stelle.
- Die Schüler betrachten zunächst die einzelnen Quadrate des Übungsblatts. Die ausgefüllten Punkte stehen für den Beat, d. h. sie werden im weiteren Verlauf der Übung geklatscht. Die unausgefüllten Punkte stehen für die Pause, d. h. hier wird das Klatschen unterbrochen.
- Auf das Zeichen des Lehrers hin beginnen die Schüler zunächst damit, die vier Zählzeiten (Zz) des ersten Rhythmusquadrats laut mitzuzählen (1 2 3 4 1 2 3 4 usw.). Dabei liegt Zz 1 auf dem rechten, Zz 2 auf dem linken, Zz 3 wieder auf dem rechten Fuß usw.
- Die Schüler lassen nach und nach die Stimme verklingen. Achtsam und unhörbar im Hinterkopf weitergezählt, begegnen die Zz 1 und 3 auch weiterhin in Regelmäßigkeit dem rechten, die Zz 2 und 4 dem linken Fuß.
  Auf diese Weise machen die Schüler die Entdeckung der Gedankenverknüpfung von Kopf und Fuß.

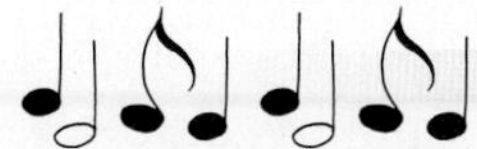

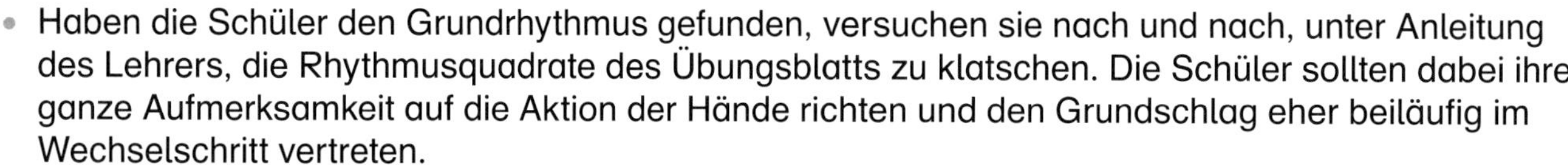

- Haben die Schüler den Grundrhythmus gefunden, versuchen sie nach und nach, unter Anleitung des Lehrers, die Rhythmusquadrate des Übungsblatts zu klatschen. Die Schüler sollten dabei ihre ganze Aufmerksamkeit auf die Aktion der Hände richten und den Grundschlag eher beiläufig im Wechselschritt vertreten.
  Wichtig ist, dass jedes Quadrat mehrmals wiederholt wird, bevor zum nächsten Quadrat gewechselt wird. So können die Schüler die Muster (Patterns) Schritt für Schritt kennenlernen und üben.

→ Mithilfe dieser Übung lernen die Schüler die **motorische Bewegungsorganisation** (das Zusammentreffen und die Eigenständigkeit von Bewegungsabläufen auf verschiedenen Ebenen = Interdependenz) zwischen Händen und Füßen kennen.

Tipp

- Wenn man laut zählt, kann man seine Aufmerksamkeit gezielt auf die Bewegung (Motorik) lenken. Die Konzentration auf die Zahlen (Kognition) tritt in den Hintergrund. Auf diese Weise können Vorgänge bewusst gesteuert werden.

Variation

(siehe Übungsanleitung Übungsblatt)

- Die Schüler wiederholen das erste Rhythmusquadrat 8-mal, dazu zählen sie laut mit. Anschließend spielen sie die Quadrate in der vorgegebenen Reihenfolge durch. Jedes Quadrat wird 4-mal gespielt.
- Die Schüler variieren die Reihenfolge, in der die Quadrate gespielt werden. Jedes Rhythmusbild wird 4-mal wiederholt.
- Die Schüler verbinden zwei Quadrate zu einem Rhythmusblock und wiederholen diesen mehrfach.
- Die Schüler spielen eine ganze Quadratkette (horizontaler oder vertikaler Verlauf) ohne Wiederholung komplett durch.
- Die Schüler drehen das Übungsblatt um und überlegen sich selbst weitere Rhythmusvarianten.

Nach so viel Arbeit und Konzentration folgt nun eine Übungseinheit für Bewegungslustige.

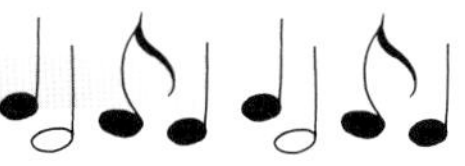

3. Rhythmus mit Händen und Füßen

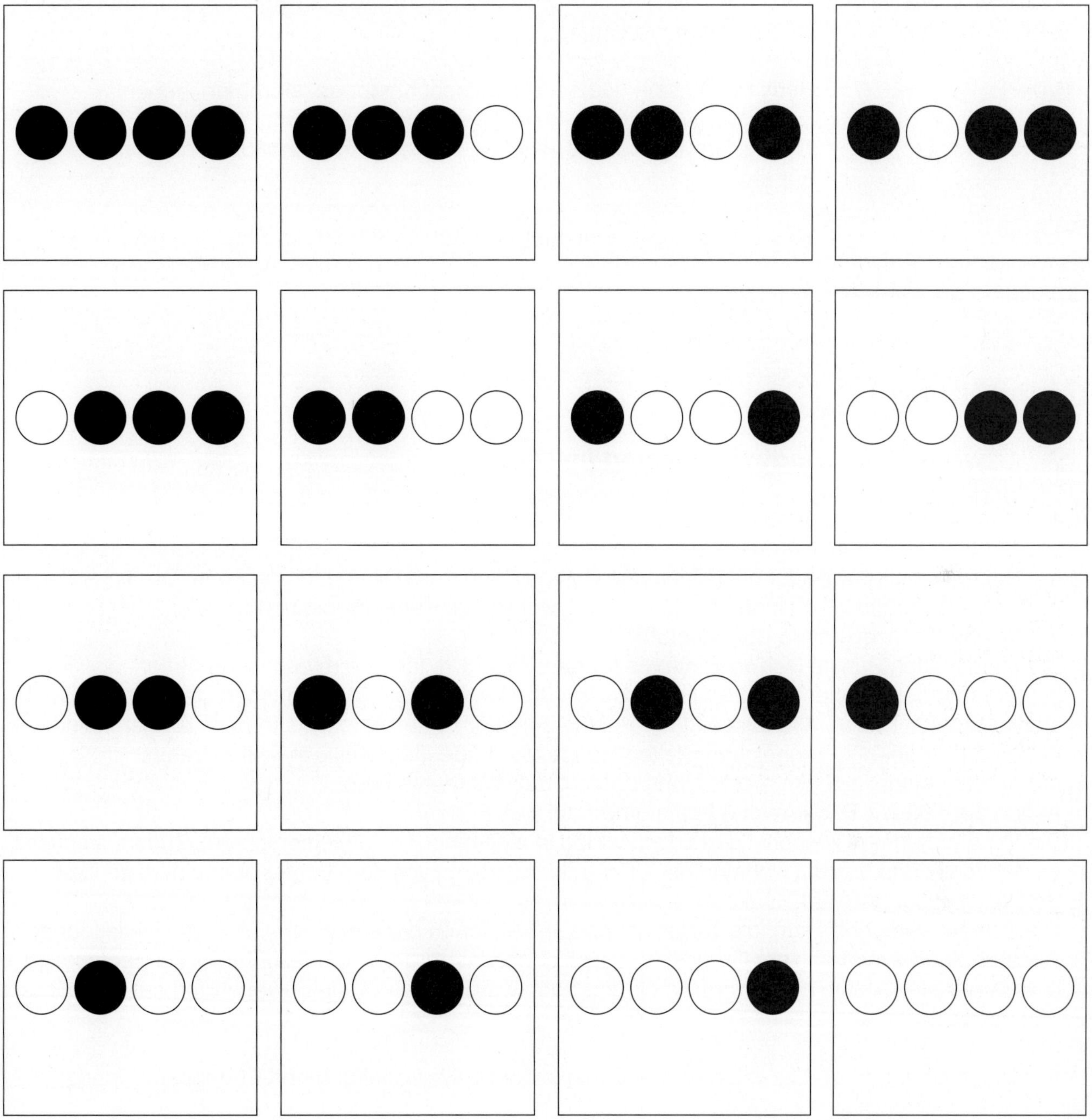

Tipps zur Variation

- Wiederholt das erste Rhythmusquadrat 8-mal, zählt dazu laut mit. Anschließend spielt ihr die Quadrate in der vorgegebenen Reihenfolge (jedes Quadrat 4-mal).
- Variiert die Reihenfolge, in der die Quadrate gespielt werden. Wiederholt jedes Rhythmusbild 4-mal.
- Verbindet zwei Quadrate zu einem Rhythmusblock und wiederholt diesen mehrfach.
- Spielt eine Quadratkette (horizontaler oder vertikaler Verlauf) ohne Wiederholung komplett durch.
- Dreht das Übungsblatt um und überlegt euch weitere Rhythmusvarianten.

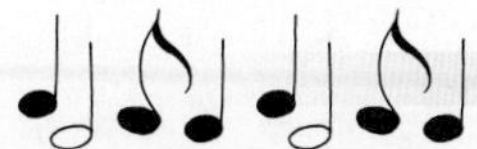

4. Body Percussion im Quadrat

Zeit	ca. 5 Minuten pro Übung
Material	Body Percussion (klatschen, patschen, tappen, stampfen, gehen)
Lernebene	Timing, Bewegungskoordination (4-Wege-Koordination von Händen und Füßen)
Sozialform	ganze Klasse gemeinsam (unisono) im Stehen am Platz oder im Gehen
Schwierigkeitsgrad	leicht/mittel

Grundübung

Übungsblatt – Body Percussion im Quadrat

(Lehrer und Schüler zusammen)

- Die Schüler betrachten zunächst die einzelnen Quadrate des Übungsblatts. Die Punkte der oberen Reihe stehen jeweils für die Hände, die Punkte der unteren Reihe für die Füße. Der linke Punkt steht jeweils für die linke Hand/den linken Fuß, der rechte Punkt für die rechte Hand/den rechten Fuß (siehe Kennzeichnung Übungsblatt).
  Die ausgefüllten Punkte (schwarz) stehen für den Beat, d. h. für eine rhythmische Aktion, die von der entsprechenden Ebene (z. B. linke Hand) ausgeführt werden soll. Die unausgefüllten Punkte (weiß) stehen für eine Pause. Alle ausgefüllten Punkte innerhalb eines Quadrats fordern zur gemeinsamen Aktion auf, sodass an zahlreichen Stellen Hände und Füße gleichzeitig in Aktion treten.
  Aktion der Hände: z. B. die rechte Hand patscht auf das rechte Bein
  Aktion der Füße: z. B. der rechte Fuß stampft auf den Boden
- Die Schüler nehmen zunächst den Grundschlag in einem normalen Gehtempo auf. Zudem empfiehlt es sich, dass das Metrum während der Übung durchgehend von dem Lehrer oder einem geübten Schüler vorgegeben wird.
- Die Schüler versuchen nun, die vorgeschriebenen Aktionen der einzelnen Quadrate in vielfacher Wiederholung synchron zum Grundschlag und ohne Unterbrechung auszuführen. Zu Beginn wird jeweils nur eine Aktion ausgeführt. Nach und nach werden die Parallelbewegungen auf zwei Ebenen ausgeführt usw.

Diese Übung fordert bzw. fördert die Fähigkeit der Seitenzuteilung und Ebenenzuordnung.

Variation

- Es wird eine feste Wiederholungszahl pro Quadrat oder aber ein Zeichen zum Wechsel vereinbart.
- Die Lautstärke (Dynamik) kann bei einer festgelegten Wiederholungszahl nach und nach von leise (piano) bis laut (forte) gesteigert (crescendo) werden.

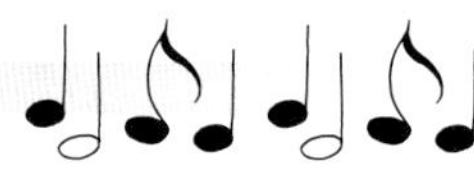

4. Body Percussion im Quadrat

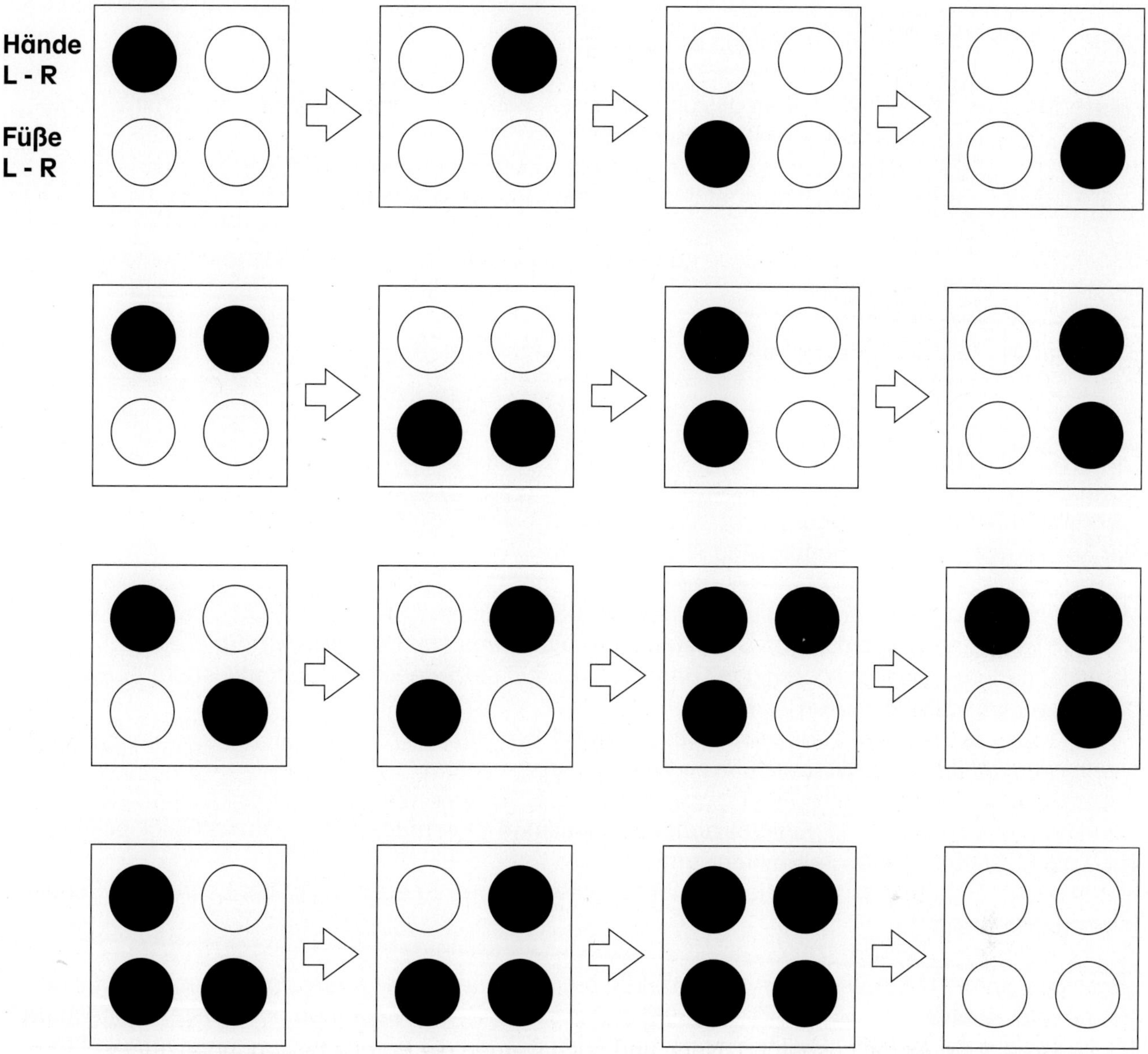

Hände
L - R

Füße
L - R

Tipps zur Variation

- Nehmt den Grundschlag in einem ruhigen Gehtempo auf.
- Betrachtet das erste Quadrat. Zählt die vier Aktionspunkte im Uhrzeigersinn und führt die Aktionspunkte mit der jeweils zugeordneten Hand oder dem zugeordneten Fuß zur passenden Zählzeit aus (z. B. die linke Hand patscht auf den linken Oberschenkel, der linke Fuß stampft auf den Boden). Wiederholt dieses Spiel beliebig oft. Anschließend geht ihr zum nächsten Quadrat weiter usw.
- Spielt jedes Quadrat 7-mal, beim 8. Mal pausiert ihr. Anschließend geht ihr zum nächsten Quadrat weiter.
- Wiederholt jedes Quadrat 8-mal (nach etwas Übung 4-mal). Dann geht ihr im direkten Anschluss zum nächsten Quadrat weiter.
- Wechselt anstatt im horizontalen Verlauf (von links nach rechts) in die Vertikale (von oben nach unten).
- Versucht, Schritt für Schritt das Grundschlagtempo zu steigern.

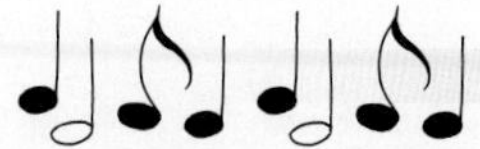

5. Vom Aktionszeichen zur Notenschrift

Zeit	ca. 5 Minuten pro Übung
Material	Body Percussion (klatschen, patschen, tappen, stampfen), Stimme (zählen, Sprechsilben lautieren)
Lernebene	Rhythmusgefühl für Pattern und Wiederholung
Sozialform	ganze Klasse gemeinsam (unisono) im Sitzen, Klasse in einzelne Gruppen geteilt
Schwierigkeitsgrad	leicht/mittel

Grundübung

(Lehrer und Schüler zusammen)
Der Lehrer gibt den Schülern folgende Anweisungen:

*„Richtet den Oberkörper auf und sucht eine stabile Sitzposition. (…)
Klatscht leise einen regelmäßigen Beat im ruhigen Fluss und hört dem eigenen Spiel zu. (…)
Versucht nun, den Beat gleichzeitig mit dem rechten Fuß aufzunehmen. Tappt mit jedem Klatschen die Ferse leicht auf den Boden. (…)
Beginnt nun, die Beats laut und deutlich zu zählen: 1 2 3 4 1 2 3 4 (…)
Hiermit verleiht ihr eurem Spiel eine feste Taktform: den 4/4-Takt."*

Hand, Fuß und Stimme sind nun aufeinander abgestimmt (synchron) und mit etwas Glück spielen auch die Mitschüler genau im Rhythmus mit.
Haben es die Schüler geschafft, den Rhythmus eine Zeit lang zu halten, gibt der Lehrer den Schülern folgende Anweisungen:

„Setzt das Spiel mit leisem Zählen fort und unterbrecht an beliebiger Stelle das Klatschen mit einer Pause (z. B. ●●●○ Pause auf Zz 4, ●○●● Pause auf Zz 2). Wiederholt das Muster einige Male, bis es wie von selbst geht."

Übung: Beats und Pause

Die auf der folgenden Seite abgebildeten Übungsbeispiele (jeweils 16 Takte) werden an die Tafel geschrieben bzw. auf Folie kopiert und auf den Overheadprojektor gelegt.

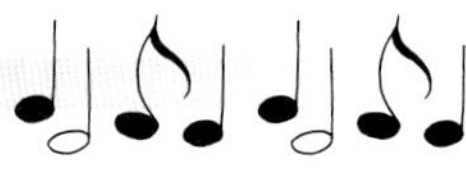

Übung 1

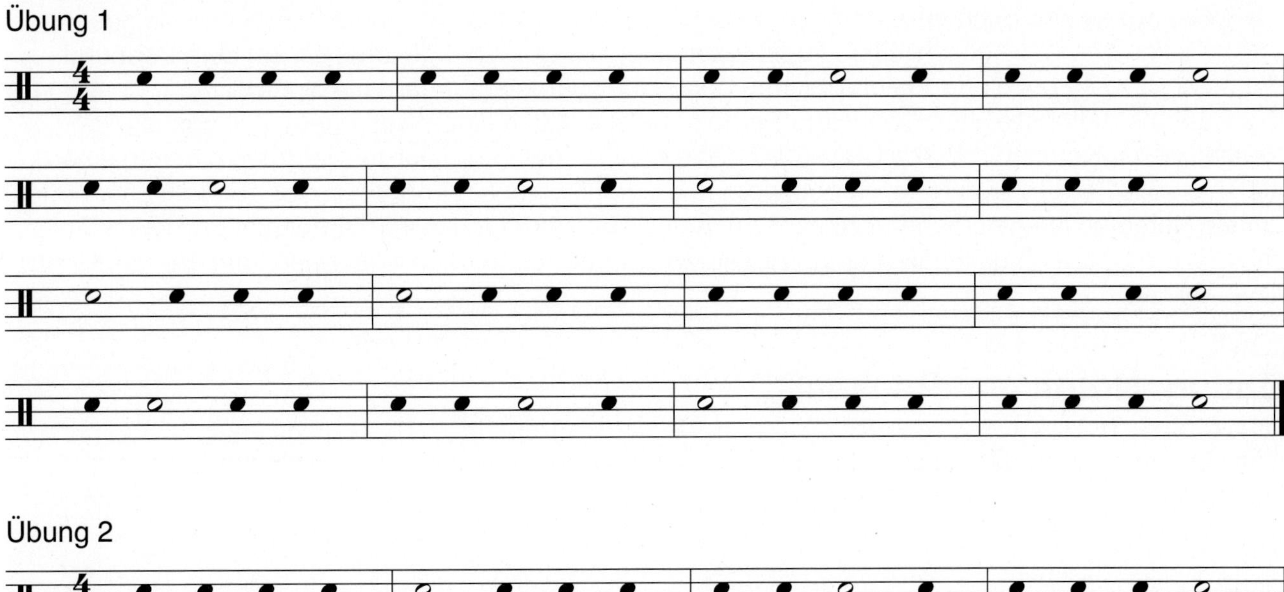

Übung 2

- Die Schüler klatschen einen ruhigen, regelmäßigen Beat. Das Tempo ist gemächlich. Das Klatschen wird im Gleichschlag der Zählzeiten ausgeführt.
- Die Schüler klatschen jeden Takt einmal und gehen dann im direkten Anschluss zum nächsten Takt über.
- Klatschen die Schüler die Takte fehlerfrei, kann nach und nach das Tempo gesteigert werden. Die Schüler können versuchen, mithilfe eines Metronoms das gewählte Tempo zu bestimmen, bzw. sie können bereits im Voraus das Tempo mithilfe eines Metronoms festlegen.
- Gelingt es den Schülern, die Takte nacheinander fehlerfrei zu klatschen, können weitere Varianten geklatscht werden. So können die Schüler z. B. mit dem 1. Takt der 1. Zeile beginnen und dann im direkten Anschluss zum 2. Takt der 2. Zeile wechseln usw.

Ziel dieser Übungen ist es, dass die Schüler nicht nur die Fertigkeiten der Body Percussion beherrschen, sondern auch die Fähigkeit des Notenlesens erwerben.

Variation

- Die Schüler erfinden selbst eigene Rhythmusmuster. Die Muster sollen ein Mix aus Noten und ein, zwei oder drei Pausen sein. Die Muster werden zunächst geklatscht, anschließend versuchen die Schüler, den von ihnen erfundenen Rhythmus zu notieren.
- Die Schüler bilden Gruppen. Jeder Schüler klatscht nun in seiner Gruppe das von ihm erfundene Pattern. Auf diese Weise entstehen im Zusammenspiel der unterschiedlichen Patterns interessante Rhythmusüberlagerungen (Polyrhythmen).

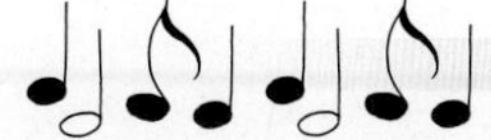

! Gelingt es den Schülern, Übung 1 und 2 fehlerfrei zu klatschen, und beherrschen sie das Zählen sowie die gleichzeitige Fußzuteilung, ist der Zeitpunkt gekommen, an dem Beat und Pause nicht mehr als bloße Aktionszeichen abgebildet werden, sondern als Noten.
Der Beat als Aktionszeichen (Notenkopf) erhält nun zusätzlich einen Notenhals. Der ausgefüllte Notenkopf mit Notenhals (siehe Übung 3) stellt die Viertelnote dar. Vier Viertelnoten machen einen 4/4-Takt voll. Bei kürzeren Notenwerten werden an den Notenhals Fähnchen oder Balken angehängt, um die Notenwerte entsprechend zu kennzeichnen. Die Viertelpause wird durch ein gezacktes Zeichen (siehe Übung 3) gekennzeichnet. Dieser Moment der Stille dauert genauso lang wie der Klang einer Viertelnote.

Übung: Noten und Pausen

Das Übungsbeispiel wird an die Tafel geschrieben bzw. auf Folie kopiert und auf den Overheadprojektor gelegt.

Übung 3

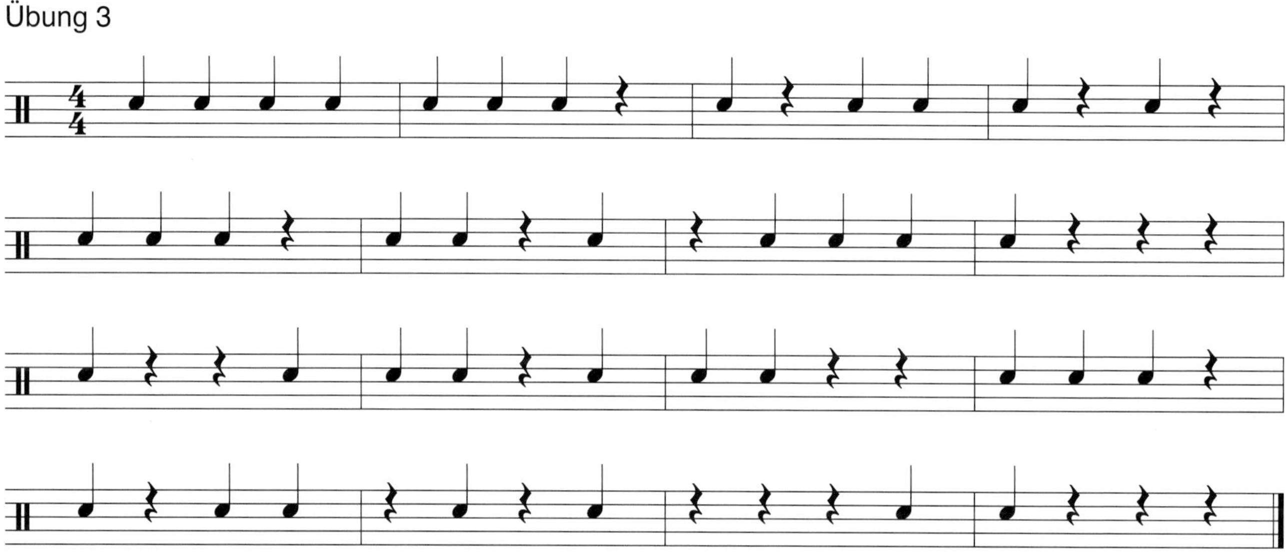

- Die Schüler versuchen, den Rhythmus sicher zu klatschen. Sie klatschen jeden Takt 1-mal und gehen sogleich zum nächsten Takt über. Die Übung wird mehrmals wiederholt.

Variation

- Die Schüler versuchen, die Noten laut und deutlich zu klatschen und die Pausen mit dem Fuß zu stampfen (rechter oder linker Fuß).
- Die Schüler versuchen, die Noten mit der rechten Hand deutlich artikuliert auf den rechten Oberschenkel zu patschen. Die Pausen werden mit den Fingern der linken Hand seitlich mit einem dezenten Fingertap ausgeführt.
- Vorschlag für das Rhythmusspiel auf drei Ebenen: Die Schüler versuchen, mit dem rechten Fuß den Grundschlag zu vertreten (die Ferse tappt leicht auf den Boden) und mit den Händen die Noten zu klatschen. Die Stimme verleiht den Pausen mit einem brummig klingenden „mh“ einen Klang.

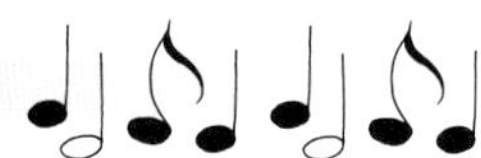

6. Leseworkout mit Viertelnoten

Zeit	ca. 10 Minuten pro Übung
Material	Body Percussion (klatschen, patschen, tappen, stampfen, gehen)
Lernebene	Koordination, Notenlesen
Sozialform	ganze Klasse gemeinsam (unisono) im Sitzen, im Stehen am Platz, im Gehen, Klasse in einzelne Gruppen geteilt
Schwierigkeitsgrad	leicht / mittel / schwer

Grundübung

(Lehrer und Schüler zusammen)
Die Übungsbeispiele (jeweils 16 Takte) werden an die Tafel geschrieben bzw. auf Folie kopiert und auf den Overheadprojektor gelegt.

Leseübung 1

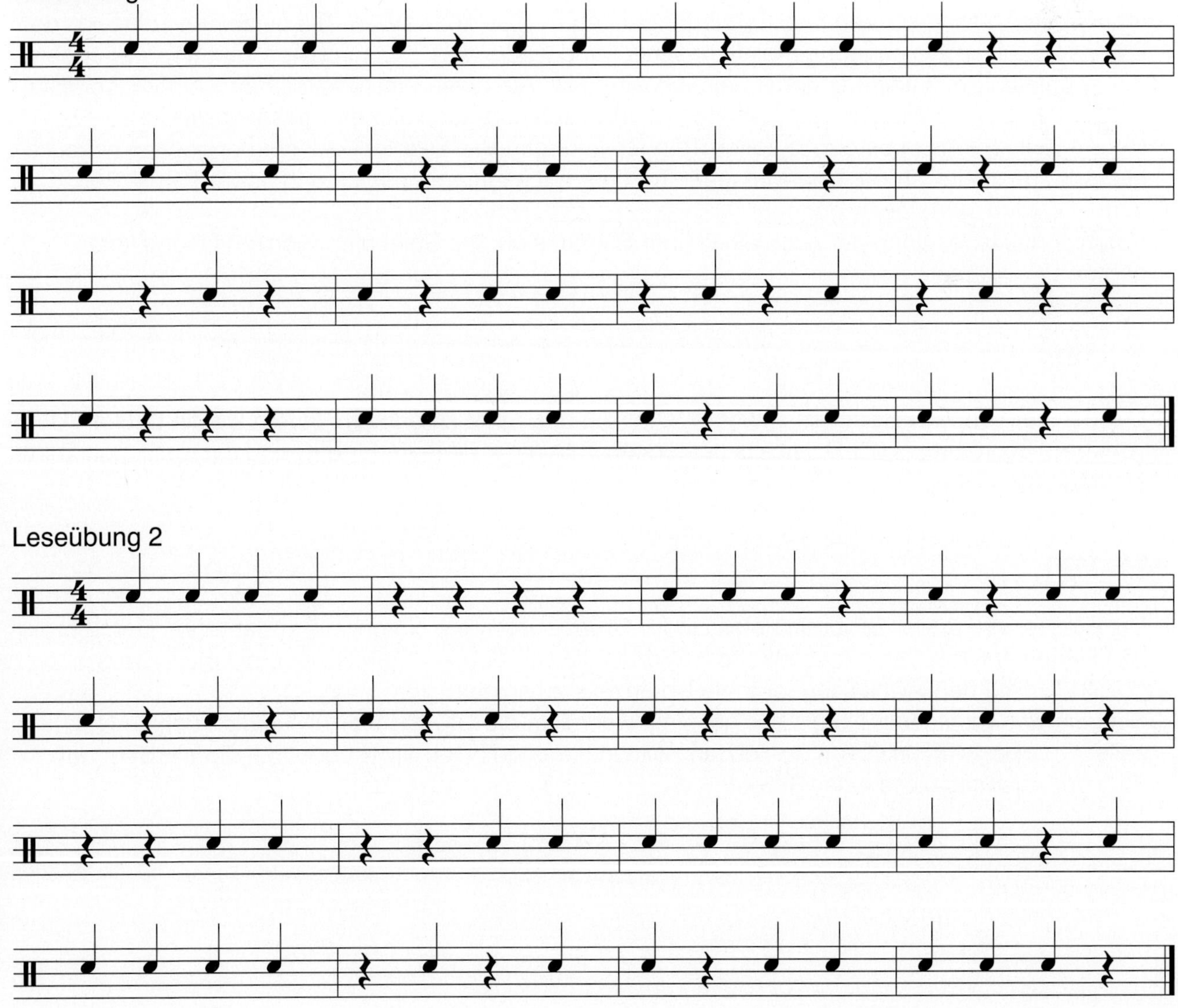

Leseübung 2

Leseübung 3

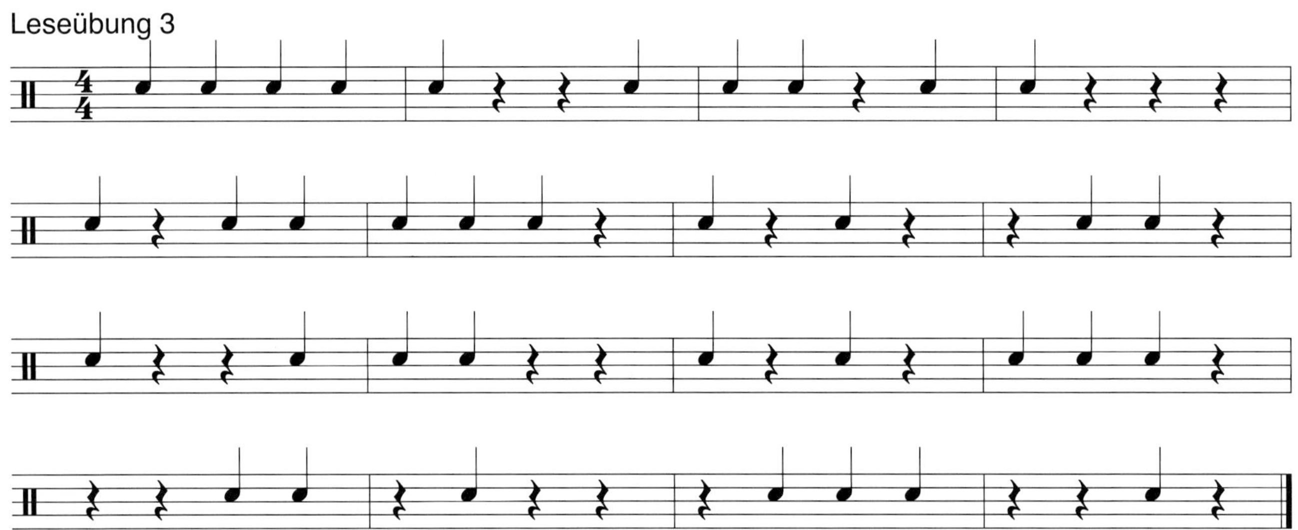

Als Leseworkout empfiehlt es sich, den Notentext mit allen Schülern gemeinsam Takt für Takt zu erarbeiten. Die Übungen können auf unterschiedliche Weise gespielt werden, z. B. mit dem Fuß tappen, mit der Hand auf den Oberschenkel patschen/klatschen.

- Der Lehrer spielt mit den Schülern jede Übung Takt für Takt gemeinsam durch. Sie spielen zunächst jeden Takt 3-mal hintereinander und legen dann einen Takt Pause ein. Anschließend gehen sie zum nächsten Takt über.
- Im nächsten Schritt können nun Taktverbindungen hergestellt werden. Die einzelnen Takte werden jeweils 2-mal hintereinander gespielt, anschließend wird sofort zum nächsten Takt übergegangen, der ebenfalls 2-mal hintereinander gespielt wird usw. Auf diese Weise entstehen Rhythmusblöcke, die sich durch ihre Wiederholung einprägen und nach und nach sicherer gespielt werden.
- Mit der Zeit können auch ganze Zeilen Takt für Takt zum Viertaktblock zusammengesetzt hintereinander gespielt werden. Nun wird jeder Takt nur noch einmal gespielt und es wird ohne Pause zum nächsten Takt übergegangen.
- Von hier aus ist es dann nur noch ein kleiner Schritt, sich das Spiel einer ganzen Übung vorzunehmen.

 ***Tipp***

- Die Schüler können versuchen, etwas Dynamik in das Spiel zu bringen, indem sie die Lautstärke variieren. So können sie z. B. jeweils den ersten Takt einer Zeile im forte (f) und die restlichen Takte im piano (p) spielen.

Variation

- Die Klasse wird in vier Gruppen geteilt, jeder Gruppe wird eine Notenzeile zugeordnet. Der Lehrer zählt einen 4/4-Takt vor, anschließend beginnen die vier Gruppen gleichzeitig auf die 1. Zz des 1. Taktes die ihnen jeweils zugeordnete Notenzeile zu spielen.
  Sind die vier Takte einer Notenzeile gespielt, wechseln die Gruppen jeweils in die nächste Notenzeile (Gruppe 4 wechselt von der letzten Zeile in die erste). Das Spiel endet mit dem 1. Beat auf Zz 1 der Ausgangszeile jeder Gruppe.

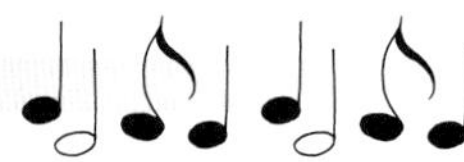

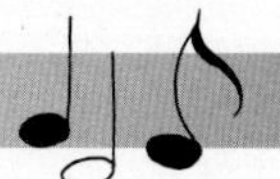

7. Rhythmusspiele mit Vierteln

Zeit	ca. 5–10 Minuten pro Übung
Material	Body Percussion (klatschen, patschen, tappen, stampfen, gehen), Stimme (zählen, Sprechsilben lautieren), Small Percussion
Lernebene	Rhythmusimitation, rhythmischer Dialog
Sozialform	ganze Klasse gemeinsam (unisono) im Stehen am Platz mit Vorspieler/ Anleiter
Schwierigkeitsgrad	mittel

Grundübung

Übungsblatt – Rhythmusspiele mit Vierteln

(Lehrer oder ein geübter Schüler als Vorspieler und Anleiter)
Das Übungsblatt sollte zunächst mit der ganzen Klasse gemeinsam erarbeitet werden. Die Schüler sollten sich dabei so aufstellen, dass sie ausreichend Platz zum Bewegen sowie eine gute Sicht auf den Lehrer/Vorspieler haben (z. B. im Kreis, in Reihen).

- Die Schüler nehmen eine bequeme Standposition ein.
- Der Lehrer zählt einen 4/4-Takt im natürlichen Gehtempo mit ca. 100 bpm vor. Anschließend nimmt er den Beat mit dem rechten Fuß auf, er tappt den Beat gut hörbar vor.
- Anschließend nehmen auch die Schüler den Beat auf und tappen ihn gut hörbar mit dem rechten Fuß.
- Vertreten alle Schüler den Grundschlag synchron, zählt der Lehrer noch einmal einen Takt laut ein, bevor mit den Notenübungen begonnen wird.
- Weiter: siehe Übungsblatt

Tipp

- Das Spiel gewinnt an Stabilität, wenn alle Schüler durchgängig mit einem leichten Fingertap (die Finger der rechten Hand tappen in die linke Innenhand oder umgekehrt) eine dezente Viertelschlagbewegung ausführen. Damit wird das Timing in seiner Regelmäßigkeit sichtbar und spürbar, aber kaum hörbar.

Variation

- Der Beat wird durch einen regelmäßigen Wechselschritt (rechts – links) vertreten.
- Der Lehrer oder ein geübter Schüler spielt der Klasse (dem Tutti) laut und deutlich einen improvisierten „call" in der Länge einer Zweitaktphrase zu, der im direkten Anschluss von der Klasse wiederholt und anschließend durch das Klatschen des ersten ausnotierten Frageblocks (siehe Übungsblatt Frage-Antwort 1-taktig, Frage-Antwort 2-taktig) beantwortet wird („response").
  Nach 4-mal „call-and-response" kann die Aufgabe des „callers" an einen anderen Schüler übergeben werden. Sind die Schüler schließlich geübt, kann nach jeder „call-and-response"-Phase gewechselt werden.

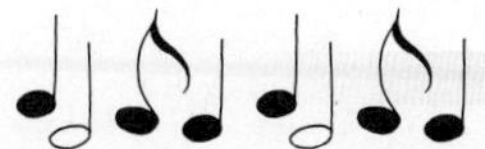

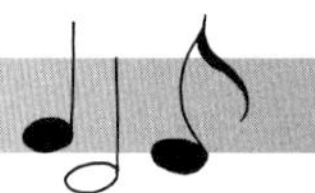

Tipp

Neben Body Percussion und Stimmsilben gibt es ein weiteres, bestens geeignetes Instrumentarium, um die Übungen klangvoll anzugehen: **Small Percussion**.
In Übertragung der Klatschbewegung lassen sich Trommelstöcke im Click-Stick Sound (Stock gegen Stock) einsetzen. Ebenso können als einfache Gegenschlaginstrumente Claves oder Klanghölzer aus dem Orff-Schulwerk verwendet werden. Zur Erweiterung der Klangfarbe können außerdem Aufschlaginstrumente wie Cowbell, Woodblock, Rahmentrommel und Triangel eingesetzt werden. Mittelbar (d. h. nicht durch einen direkten Anschlag) erklingen Schüttel- und Reibinstrumente wie z. B. Rhythm Egg, Maracas, Guiro oder Afuche – was jedoch schon eine sichere Motorik beim Rhythmusspiel fordert. Boomwhackers bringen in Erweiterung dazu als schlichte Percussionvertreter in Röhrenform nahezu voraussetzungslos Melodie ins Rhythmusspiel.

! An dieser Stelle angekommen ist es an der Zeit, sich noch einmal vertiefend mit dem Phänomen Timing und Beat als Gliederung von Takt und Rhythmus auseinanderzusetzen.
Es scheint nahezu selbstverständlich, sich tippend, stampfend, wippend, schnippend, klopfend und klatschend durch den Rhythmus der Musik zum Mitschwingen und Bewegen motivieren zu lassen. Dabei kommt uns die rhythmische Naturbegabung des Menschen sowie die Fähigkeit zur bewussten Wahrnehmung entgegen. Da aber Bewegung alleine noch nicht das Erfassen sowie Umsetzen von rhythmischer Fähigkeit garantiert, bedarf es zur Erschließung und Sicherung einer gezielten Förderung.
Die einfachsten Möglichkeiten, sich auf Tempo, Beat, Takt und Rhythmus einzulassen, wurden anhand der bisherigen Übungen bereits aufgezeigt (vor allem klatschen).

Mit der folgenden Übungseinheit „Vom Schritt zur Schrittkombination“ sollen in der Vorausschau auf die weiteren Lernbausteine ein paar Anregungen zum Ausbau, zur Vertiefung und Sicherung der rhythmischen Grundlagenarbeit mit Body Percussion vorgestellt werden.

7. Rhythmusspiele mit Vierteln

Übungsanleitung: Imitation (1-taktig)

Grundschlag mit dem Fuß vertreten und die Noten klatschen

Imitation 1-taktig

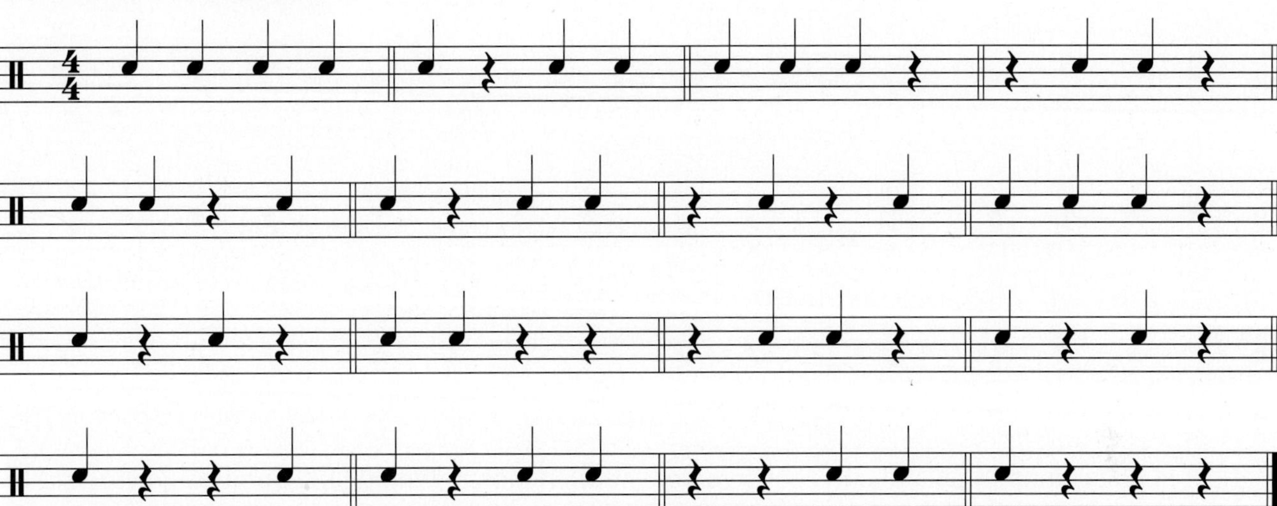

- Stellt euch in einem Kreis auf und nehmt den Grundschlag mit dem rechten Fuß auf.
- Euer Lehrer oder ein Mitschüler klatscht den 1. Takt der 1. Zeile einmal vor. Unmittelbar danach gibt er euch ein deutliches Signal. Auf dieses Signal hin spielt ihr den Takt nach (Imitation) und setzt dann das Rhythmusspiel bis zum Ende der Zeile fort. Wichtig ist, dass ihr weiterspielt und nicht unterbrecht, selbst wenn sich Fehler eingeschlichen haben.
  Anschließend klatscht der Vorspieler den 1. Takt der 2. Zeile vor. Auf das Signal des Vorspielers hin spielt ihr den Takt nach und setzt dann das Rhythmusspiel bis zum Ende der Zeile fort usw.
- Im weiteren Verlauf der Übung kann die Rolle des Vorspielers gewechselt werden. Der aktive Vorspieler kann seinen Nachfolger z. B. über Blickkontakt bestimmen.
- Werdet ihr zunehmend sicherer, kann der Vorspieler auch gleich mehrere Takte vorspielen. Hat er sein Vorspiel beendet, gibt er euch ein deutliches Signal und ihr beginnt euer Imitationsspiel.

Übungsanleitung: Frage-Antwort (1-taktig)

Grundschlag mit Fingertaps ausführen und die Noten mit der Silbe „ta“ sprechen

Frage-Antwort 1-taktig

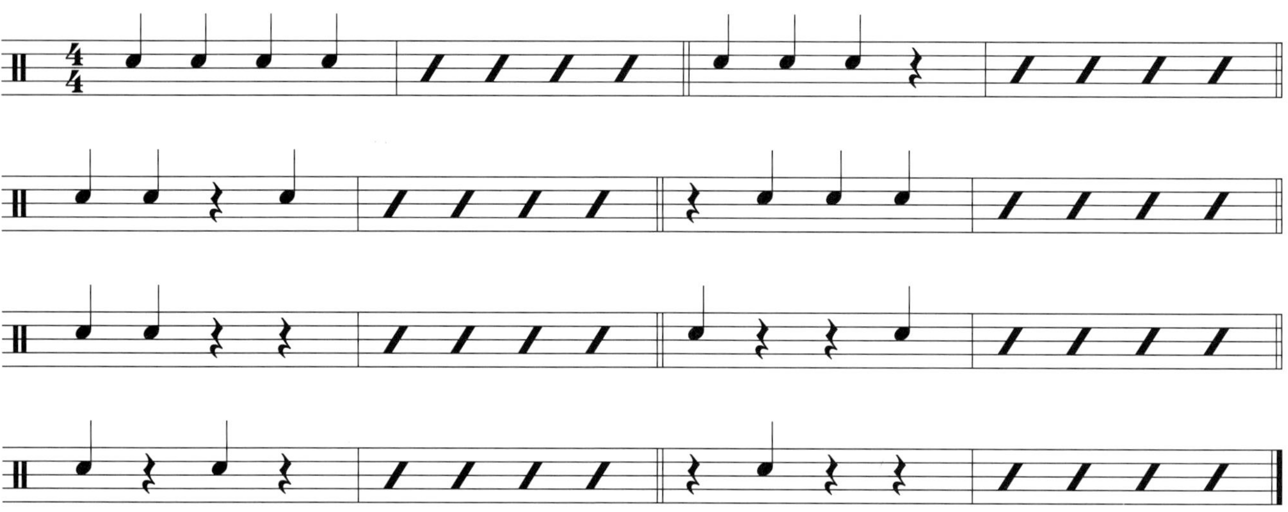

- Stellt euch in einem Kreis auf und zählt in einem straffen Marschtempo (120 bpm) einen 4/4-Takt vor. Nehmt dann den Grundschlag leise klatschend bzw. mit den Fingern der einen Hand in die andere Hand tappend auf.
- Sprecht zunächst die ausnotierten Takte gemeinsam. Die Beats betont ihr mit der Sprechsilbe „ta“.
- Sitzen die ausnotierten Takte, könnt ihr im nächsten Schritt passende Antworten (= leere Takte) auf die Fragen (= ausnotierte Takte) erfinden. Die Antworten werden geklatscht.
  Ihr lautiert zunächst den 1. Takt der 1. Zeile gemeinsam (Sprechsilbe „ta“), ein Mitschüler klatscht die von ihm frei erfundene Antwort (2. Takt der 1. Zeile), dann lautiert ihr den 3. Takt der 1. Zeile wieder gemeinsam, anschließend klatscht ein anderer Mitschüler die von ihm erfundene Antwort (4. Takt der 1. Zeile) usw.
- Im nächsten Schritt beginnt ein Mitschüler, den 1. Takt der 1. Zeile zu vertonen, gleichzeitig erfindet er eine passende Antwort (2. Takt der 1. Zeile), die er direkt im Anschluss klatscht. Anschließend vertont ein anderer Mitschüler den nächsten ausnotierten Takt (3. Takt der 1. Zeile) und erfindet eine passende Antwort (4. Takt der 1. Zeile) usw.
- Werdet ihr zunehmend sicherer, könnt ihr versuchen, synchron zum leisen Klatschen des Grundschlags eine Gehbewegung im Wechselschritt (rechts – links) aufzunehmen.

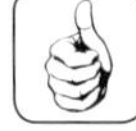

Tipp

- Ihr könnt den jeweils nächsten Mitschüler über Blickkontakt bestimmen, ihr könnt aber auch im Vorfeld eine Reihenfolge festlegen.

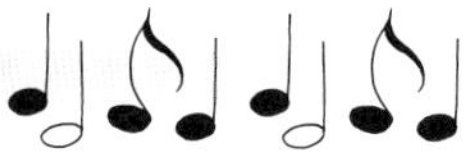

Übungsanleitung: Frage-Antwort (2-taktig)

Grundschlag mit dem Fuß vertreten – Zählsilben mit der Stimme lautieren – Noten klatschen

Frage-Antwort 2-taktig

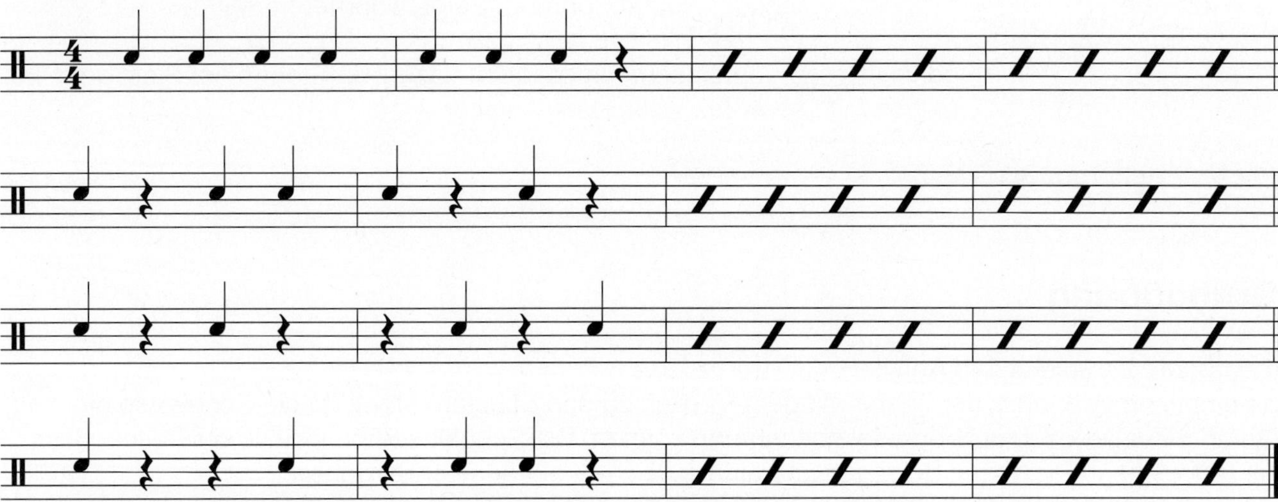

- Stellt euch in einem Kreis auf. Wählt ein flottes Tempo (140 bpm) im 4/4-Takt, nehmt den Grundschlag mit dem rechten Fuß auf und versucht gleichzeitig, die Zählsilben parallel laut mitzusprechen.
- Auf das Startsignal des Lehrers/eines Mitschülers hin klatscht ihr die ersten beiden ausnotierten Takte (2-taktige Frage) gemeinsam. Euer Lehrer beantwortet die Frage im direkten Anschluss mit einer von ihm spontan erfundenen Antwort (Takt 3 und 4 der 1. Zeile). Anschließend klatscht ihr die nächsten beiden ausnotierten Takte (Takt 1 und 2 der 2. Zeile) usw.
- Ihr klatscht gemeinsam die 1. Frage mehrmals hintereinander, es antwortet jeweils ein anderer Mitschüler. Nach einigen Wiederholungen kann der nächste 2-taktige Frageteil in Angriff genommen werden usw.
- Anschließend klatscht ihr Frage und Antwort der Reihe nach. Ein Mitschüler beginnt, er klatscht den 1. und 2. Takt der 1. Zeile sowie eine von ihm frei erfundene Antwort (3. und 4. Takt der 1. Zeile). Anschließend vertont ein anderer Mitschüler die nächsten beiden ausnotierten Takte (1. und 2. Takt der 2. Zeile) usw.

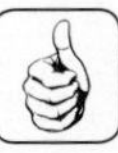

Tipp

- Ihr könnt den jeweils nächsten Mitschüler über Blickkontakt bestimmen, ihr könnt aber auch im Vorfeld eine Reihenfolge festlegen.

8. Vom Schritt zur Schrittkombination

Zeit	ca. 5–10 Minuten pro Übung
Material	Body Percussion (patschen, tappen, stampfen, gehen)
Lernebene	Körperkoordination, Raumerfahrung, Selbstwahrnehmung
Sozialform	ganze Klasse gemeinsam (unisono) im Sitzen, im Stehen am Platz oder im Gehen mit Lehrer als Vorspieler / Anleiter
Schwierigkeitsgrad	mittel

Grundübung

(Lehrer als Vorspieler und Anleiter)
Es empfiehlt sich, dass der Lehrer mit dem Rücken zu den Schülern steht, da die Schüler so die neuen Bewegungsabläufe parallel nachahmen können. Die Schüler sollten sich so aufstellen, dass sie ausreichend Platz zum Bewegen und eine gute Sicht auf den Lehrer haben.
Die im Folgenden abgebildeten Schrittkombinationen können zum besseren Verständnis auf Folie kopiert und auf den Overheadprojektor gelegt werden.

- Der Lehrer zählt einen 4/4-Takt im natürlichen Gehtempo mit 100 bpm vor. Die Schüler können das Tempo begleitend mit leisen Fingertaps mitspielen.

1. Grundschlagzuordnung und Schrittzuteilung am Platz

- Der Grundschlag (Beat) wird mit nur einem Fuß vertreten – im Sitzen als Tap mit der Ferse oder im Stehen als Stampfen mit dem ganzen Fuß.

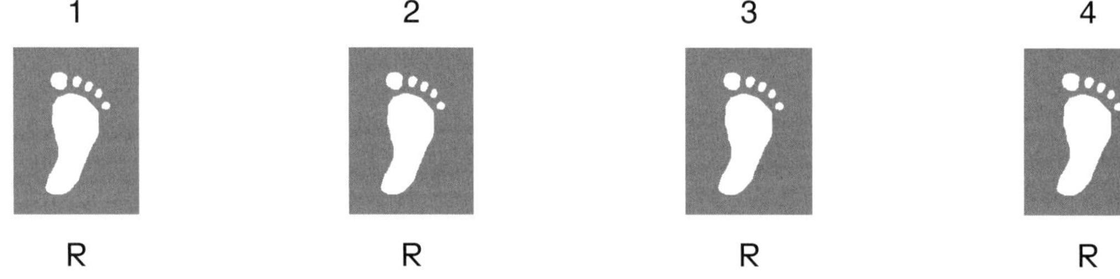

- Bei der folgenden Variante liegt die Betonung auf der 1. Zählzeit (Zz 1).
  Zz 1 wird mit dem rechten Fuß, die Zz 2, 3 und 4 werden mit dem linken Fuß vertreten.

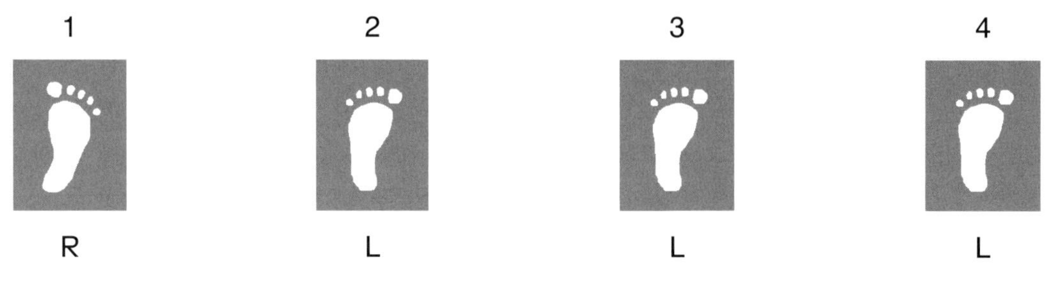

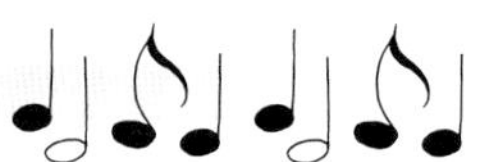

2. Wechselschritt und Schrittkombinationen

- Der Grundschlag wird mit einem Wechselschritt (Initialschritt rechts, Folgeschritt links) vertreten. Auf diese Weise kann das Metrum sowie der Takt im steten Hin und Her des Timings sowohl auf der Stelle vertreten als auch als Gehbewegung im Raum ausgeführt werden.

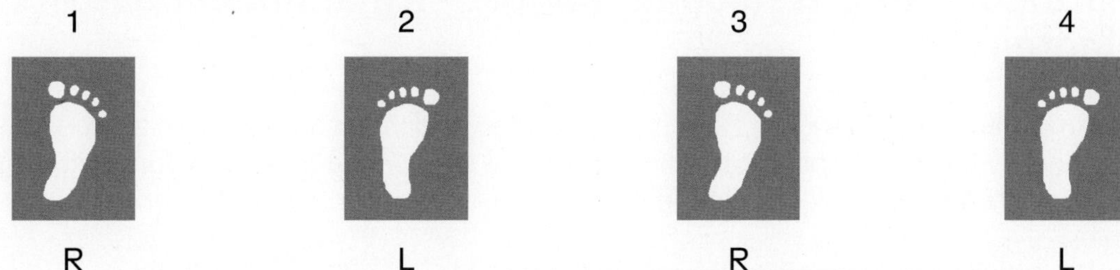

- Mit dem folgenden Schrittmuster lässt sich der Takt in schwere und leichte Zählzeiten gliedern. Auch diese Bewegung lässt sich sowohl auf der Stelle als auch im Gehen ausführen. Im 4/4-Takt gezählt erfolgt der erste Schritt (Zz 1) als Stampfen (Stomp) mit dem rechten Fuß (= Downbeat). Auf Zz 2 wird der linke Fuß in einer seitlich geführten Pendelbewegung an den rechten Fuß geführt, er berührt den Boden mit einem leichten Tap (= Offbeat). Mit Zz 3 übernimmt nun der linke Fuß den Downbeat, Zz 4 wird mit einem Tap des rechten Fußes ausgeführt. Der 4/4-Takt scheint nun in zwei Hälften geteilt, die gegenüber dem bodenständigen Wechselschritt einen ruhigen, wiegenden Charakter spürbar werden lassen.

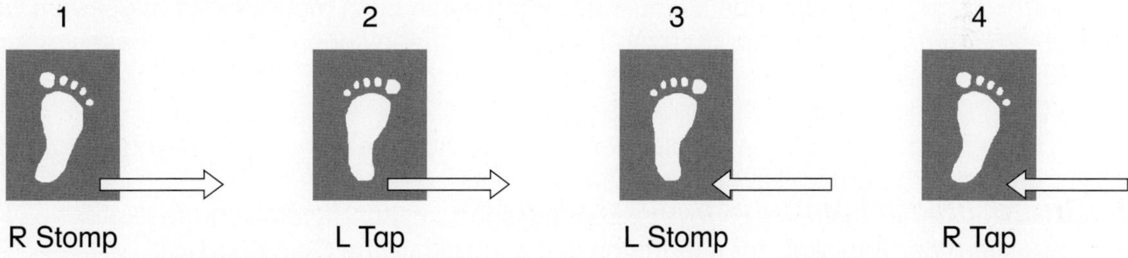

- Auch das folgende Schrittmuster kann sowohl auf der Stelle als auch im Gehen ausgeführt werden. Bei dieser Variante erhält nur noch Zz 1 einen kräftigen Downbeat: Der rechte Fuß führt einen großen, kräftigen Schritt nach vorne aus, gleichzeitig wird der linke Fuß ein wenig vom Boden gelöst. Auf Zz 2 verlagert sich der Schwerpunkt mit dem linken Fuß, der mit einem Tap wieder aufgesetzt wird, nach hinten. Mit Zz 3 wird der rechte Fuß nach hinten geführt und mit einem leichten Tap aufgesetzt, gleichzeitig löst sich der linke Fuß ein wenig vom Boden. Mit Zz 4 wird der linke Fuß mit einem leichten Tap wieder auf den Boden gesetzt.

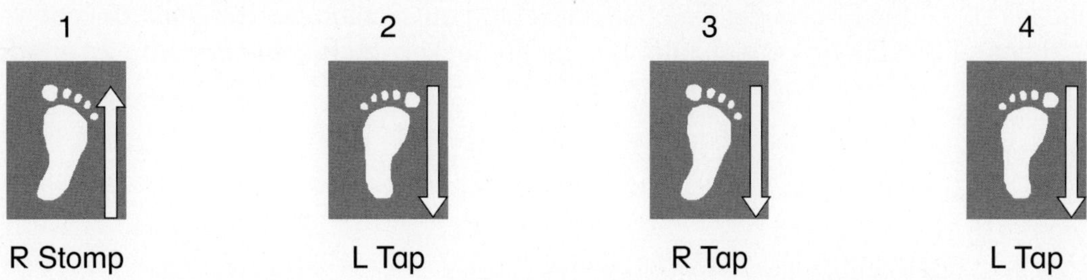

Die hier vorgestellten Schrittfolgen stellen unterschiedliche Möglichkeiten dar, einen 4/4-Takt durch einfache Zuteilung – Gehen im Wechselschritt, Gewichtung in der Takthalbierung und Gestaltung im ganzen Takt – zu vertreten.

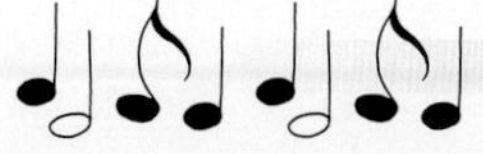

Hintergrundwissen

Grundlagen der Percussion: Beat/Offbeat – Wechselschlag (binär) – Rhythmusmotive – Achtelnoten

Rhythmus und Percussion gehören zu den attraktivsten und vielseitigsten Medien des Musikunterrichts. Sie sind durch ihren hohen Aufforderungscharakter, den niedrigen Leistungsdruck, die voraussetzungslose Art der Klangerzeugung sowie ihre Nähe zur Erlebniswelt der Schüler geradezu prädestiniert

- für den Erwerb motorisch-koordinativer Fertigkeiten,
- für den aktiven Erwerb musikalischer Fähigkeiten,
- für das voraussetzungslose musikalische Lernen,
- für eine anhaltende Verstärkung der Schülermotivation
- und für Erfahrungen im sozialen Erlebnisraum.

Aufgrund ihrer Popularität und vielseitigen Präsenz in den unterschiedlichsten Musikrichtungen erweist sich Percussion als ideales Medium der musikalischen Aktivierung. Im Umgang mit Rhythmus und Percussion wird Musikmachen als mehrsensorischer Prozess verstanden: Die Musik wird auditiv, visuell, motorisch und intellektuell repräsentiert. Nicht zuletzt aus diesem Grund sollten motivierende Unterrichtsangebote über das Medium der Percussion auch mehrkanalig angeboten werden: Der Weg vom handlungsorientierten „Kennenlernen" zum erlebnisorientierten „Begreifen" könnte hierbei ein Königsweg sein.

Die im Folgenden dargestellten, spielpraktisch orientierten Lernangebote verfolgen folgende Ziele:

- Prägung und Förderung des motorischen Konzepts
- Ausbildung der (ur)natürlichen rhythmischen Begabung zur rhythmisch-musikalischen Kompetenz
- Entwicklung der Fähigkeit zur Integration in die musikalische Gemeinschaft
- Ausbildung des Beurteilungsvermögens über das Wirkungserleben bzw. über den Erwerb praxisorientierter Erfahrungswerte

Das verbindende Element der musikalischen Zeitwahrnehmung im Rhythmus und der Klangentstehung beim Trommeln stellt die Bewegung dar. Über die Körperbezogenheit der Bewegung (im Wechselschlag der Hände) lässt sich der Rhythmus mit Stimme, Body Percussion und Percussion erschließen und verwirklichen.

Versuchen wir also, den Basics der Percussion Schlag auf Schlag auf die Spur zu kommen und ihn mit einer kleinen Flussübung kennenzulernen, zu entdecken, zu erschließen und zu erleben.

1. Grundschlag und Unterteilung im Wechselschlag der Hände

Zeit	ca. 10 Minuten pro Übung
Material	Body Percussion (klatschen, patschen, tappen, stampfen, gehen), Stimme (Sprechsilben lautieren)
Lernebene	gerichtete Aufmerksamkeit (Körper/Stimme), Konzentration
Sozialform	ganze Klasse gemeinsam (unisono) im Sitzen oder im Stehen am Platz
Schwierigkeitsgrad	leicht/mittel

Grundübung

(Lehrer und Schüler zusammen)
Die Notenzeile kann als Übungsbeispiel an die Tafel geschrieben bzw. auf Folie kopiert und auf den Overheadprojektor gelegt werden.

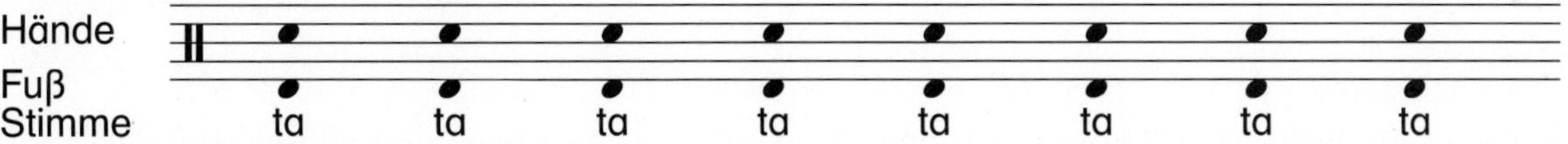

1. Zuteilung (Subdivision 1:1)

- Der Lehrer klatscht den Schülern ein mittleres Gehtempo mit 120 bpm vor. Die Schüler nehmen das Tempo zunächst ebenfalls klatschend auf.
- Haben sich alle Schüler auf das Tempo eingerichtet, wird der Grundschlag mit dem rechten Fuß aktiv vertreten.
- Als nächstes versuchen die Schüler, parallel zum Grundschlag des rechten Fußes mit der Schlaghand (rechts) auf den rechten Oberschenkel zu patschen. Es ist wichtig, dass die Schüler auf das exakte Zusammenspiel (Koordination) von Hand und Fuß achten.
- Im letzten Schritt versuchen die Schüler, parallel zur Bewegung von Hand und Fuß die perkussive Sprechsilbe „ta" laut und deutlich zu lautieren. Die Synchronisation von Stimme, Hand und Fuß erfordert viel Konzentration. Ziel ist es, dass alle drei Ebenen perfekt im Einklang der rhythmischen Zuteilung des Beats (SD 1:1) erklingen.

 ***Tipp***

- Durch Variation des Grundschlagtempos können im weiteren Verlauf noch einmal Rhythmusbegriffe und musikalische Parameter (z. B. Sekundenzeiger der Uhr, Puls, Gehen, Marschieren) erlebbar gemacht werden.

 Über die körperliche Erfahrung entsteht eine Vorstellung von der Beziehung zwischen Bewegung und Tempo.

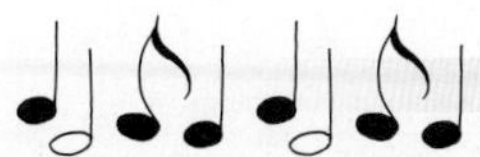

2. Unterteilung (Subdivision 2:1)

- Die Schüler behalten den zuvor eingeübten **Beat** (stampfen, patschen, lautieren) bei. Nun geht es darum, den **Offbeat**, den Gegenpol des geschlagenen Pulses, zu entdecken. Der Offbeat wird zunächst durch die Ausholbewegung der Schlaghand nach oben repräsentiert.
- Im nächsten Schritt versuchen die Schüler, den Offbeat zu lautieren. Sie sprechen nun parallel zur Ausholbewegung der Hand die Silbe „ke". Auf diese Weise wird der rhythmische Fluss von Beat und Offbeat durch die beiden Sprechsilben „ta" und „ke" lautlich unterstützt („ta"-„ke" „ta"-„ke" „ta"-„ke" „ta"-„ke" usw.).

Tipp

- Die beiden Pole einer Grundbewegung (Beat und Offbeat) lassen sich auch auf eine andere Weise (neben dem Lautieren mit Sprechsilben) hörbar machen. Hierzu bedarf es nur einer weiteren Kleinigkeit: Die ausführende Schlaghand behält ihren Beat als Patschbewegung auf den Oberschenkel kontinuierlich bei. Nun wird aber zusätzlich die andere Hand (= Nachschlaghand) in maßvollem Abstand über die Schlaghand gehalten. Bei der Ausholbewegung der Schlaghand treffen nun beide Hände zusammen (Handrücken der Schlaghand trifft gegen die Handinnenfläche der anderen Hand) und der bisher unhörbare Offbeat erklingt.

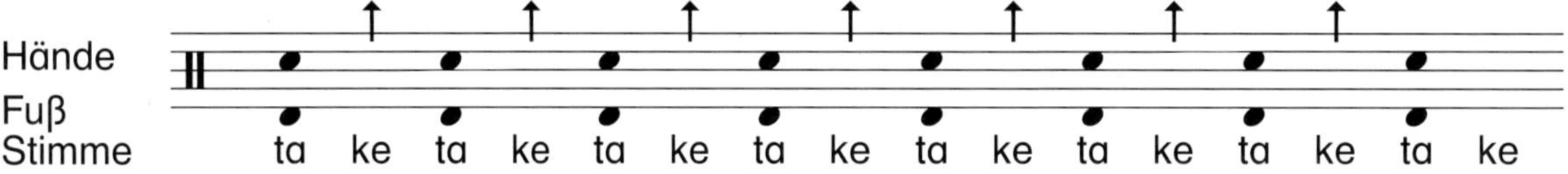

- Mit der Zeit kann man dazu übergehen, den Zwischenschlag mit der Nachschlaghand auf den anderen Oberschenkel überzuleiten. Auch hier sollten die Schüler wieder besonders auf die Gleichzeitigkeit (Synchronisation) von Stimmlauten und dem Beat der Hände achten. Die Schlagbewegungen werden parallel zu den lautierten Beat- und Offbeatsilben „ta" und „ke" ausgeführt.
  Mit ein bisschen Übung dürfte dies gelingen und die Schüler werden die lockere Regelmäßigkeit der Schlagbewegung beider Hände genießen und dabei das Zusammentreffen von Schlaghand (Beat) mit dem Fuß und dem dazwischenfallenden Offbeat der Nachschlaghand entdecken.

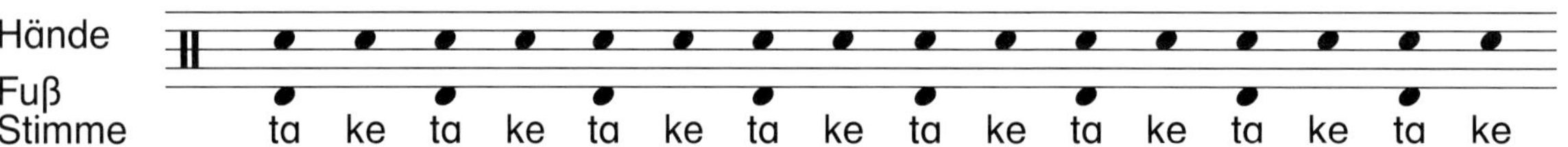

Variation

- Als Variation kann die Übung auch im Wechselschritt am Platz oder mit einer Gehbewegung im Wechselschritt begonnen werden. Mit einer Schrittkombination im Raum kann der Erlebniswert zusätzlich gesteigert werden.
- Das Grundtempo (des Wechselschritts, der Gehbewegung oder der Schrittkombination) kann durch den Lehrer, einen Schüler oder durch das Metronom variiert werden. Die Schüler versuchen, jeweils aus dem Stegreif beide Hände – Schlaghand (Beat) und Nachschlaghand (Offbeat) – im Wechselschlag sicher ins Spiel zu bringen.
- Gelingt dies, können die Schüler nun versuchen, die Sprechsilben („ta"-„ke") parallel zum Grundschritt der Füße zu lautieren und dann parallel dazu auf die Silbe „ta" zu klatschen.
  Die Schwierigkeit kann weiter gesteigert werden, wenn nur auf die Silbe „ke" geklatscht werden darf.

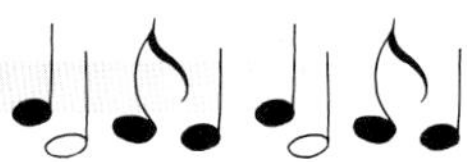

! Die Technik, mit beiden Händen (Schlag- und Nachschlaghand) abwechselnd zu spielen, lässt sich in allen Trommelkulturen der Welt finden und bildet das pulsierende Fundament des Rhythmus. Dabei bietet der Beat die notwendige Orientierung für die rhythmischen Schwerpunkte, durch ihn finden wir den rhythmischen Boden in der Musik. Die über den Beat hinaus ausgeführte Wechselschlagbewegung der Schlag- und Nachschlaghand sorgt mit ihrer Gliederung für das belebende Rhythmusgefühl im Wechselspiel von schwer und leicht.
In der Fachsprache des Rhythmus nennt man die zweigeteilte (= binäre) Unterteilung durch die Hände zum einfachen Grundschlag des Fußes Subdivision 2:1.

Die Rhythmusbilder der folgenden Übungseinheit zeigen die vier Möglichkeiten für rhythmische Motive und Bewegungsmuster, die man als Trommler motorisch sicher verankern muss, bevor man damit fantasievolle, kreative Rhythmen gestalten kann.

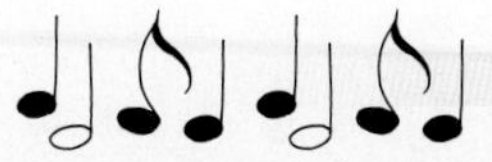

2. Rhythmus im Bild

Zeit	ca. 5 Minuten pro Übung
Material	Body Percussion (klatschen, patschen, tappen, stampfen, gehen), Stimme (Sprechsilben lautieren)
Lernebene	Körperwahrnehmung, Koordination, Konzentration
Sozialform	ganze Klasse gemeinsam (unisono) im Stehen am Platz oder im Gehen, Klasse in einzelne Gruppen geteilt
Schwierigkeitsgrad	leicht/mittel

Grundübung

(Lehrer und Schüler zusammen)
Zur Veranschaulichung empfiehlt es sich, die im Folgenden abgebildeten Quadrate an die Tafel zu zeichnen oder auf Folie zu kopieren und auf den Overheadprojektor zu legen.

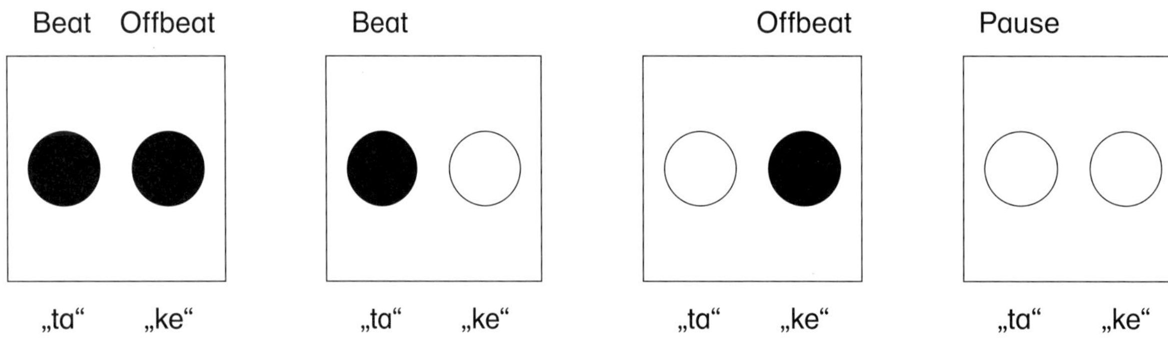

- Zu Beginn klatschen alle Schüler gemeinsam ein gleichmäßiges Tempo und versuchen, synchron zu den Schlägen die Silbenfolge „**ta**“-„ke“ zu lautieren.
- Gelingt dies, wird nun der Grundschlag parallel zur Sprechsilbe „ta“ mit dem rechten Fuß vertreten. Der Fuß übernimmt so die Aufgabe, den Beat (zusammen mit der Sprechsilbe „ta“) durch eine deutliche Aktion zu kennzeichnen.
- Die Schüler richten nun ihr Augenmerk auf die Rhythmusbilder und versuchen, die dort abgebildeten Aktionspunkte (ausgefüllt) synchron zu Fuß und Stimme zu klatschen. Bei den ausgefüllten Punkten (schwarz) wird geklatscht, bei den unausgefüllten Punkten (weiß) wird pausiert, die Fußbewegung wird jedoch fortgesetzt und auch die Sprechsilben werden weiterhin lautiert.
- In der Folge sollte jedes einzelne Rhythmusbild für sich geübt werden. Besondere Aufmerksamkeit sollte dabei auf die Verbindung von Fuß- und Handbewegung gerichtet werden, um sich mit Zusammenspiel (Synchronisation) und Unabhängigkeit (Koordination) der Bewegungsabläufe Schritt für Schritt vertraut zu machen.

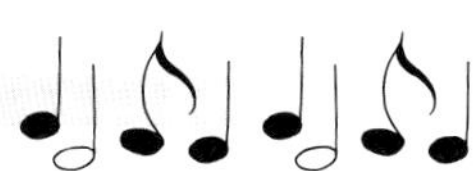

Übung: Zusammentreffen verschiedener Rhythmen

Nach der einführenden Grundübung stehen nun vier Rhythmusbilder als Repertoire zur Verfügung.

- Die Klasse wird in einzelne Gruppen geteilt, jeder Gruppe wird ein Rhythmusbild zugeordnet.
- Auf das Startsignal des Lehrers hin spielt nun jede Gruppe das ihr jeweils zugeordnete Rhythmusbild. Die Schüler müssen nun versuchen, ihren Bewegungsablauf durchzuhalten, sich selbst und ihren Rhythmus wahrzunehmen und das Zusammentreffen (Kollision/Übereinander) der verschiedenen Rhythmen auszuhalten.
- Anschließend wird gewechselt. Jeder Gruppe wird ein anderes Rhythmusbild zugeordnet und es wird ein weiterer Durchlauf gestartet usw.

Nach ein paar Durchgängen werden die Rhythmen der Rhythmusbilder ohne weiteres Nachdenken und kopfmäßige Planung wie von selbst laufen und so haben wir auf dem Übungsweg der Wiederholung erreicht, dass die Motorik ihre Selbstständigkeit gefunden hat.

Übung: Bewegungsmodell bzw. Rhythmusmotiv

Im Folgenden werden die einzelnen Rhythmusbilder aneinandergehängt und das Rhythmusmotiv wird einstimmig (unisono) gespielt.

- Auf das Startsignal des Lehrers hin spielen die Schüler das 1. Rhythmusbild, es wird 8-mal wiederholt. Anschließend geht es im direkten Anschluss weiter zum 2. Rhythmusbild, das ebenfalls 8-mal wiederholt wird usw.
- Im weiteren Verlauf wird mit jedem Durchgang die Wiederholungszahl halbiert (d. h. 2. Durchgang je vier Wiederholungen, 3. Durchgang je zwei Wiederholungen, 4. Durchgang durchgehende Rhythmuskette).

Variation

- Sitzt der Bewegungsablauf, können die Schüler versuchen, die Rhythmusbilder mit beiden Händen im Wechselschlag (patschen auf den Oberschenkeln) zu spielen.
  Hierbei treffen im 1. Rhythmusbild Schlaghand und Fuß im Spiel zu den Sprechsilben („ta"-„ke") regelmäßig zusammen. Die Nachschlaghand schlägt stets in die Aufwärtsbewegung des Fußes nach dem Beat. Beim 2. Rhythmusbild muss die Nachschlaghand auf die Silbe „ke" pausieren. Beim 3. Rhythmusbild pausiert dann die Schlaghand auf die Silbe „ta". Beim 4. Rhythmusbild pausieren beide Hände, das Silbenlautieren und Fußstampfen wird jedoch fortgesetzt.

Weitere Anregungen und Varianten finden sich auf dem

 ***Übungsblatt – Rhythmus im Bild.***

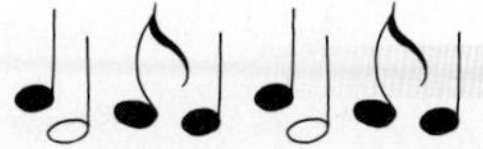

2. Rhythmus im Bild

Übungsanleitung 1

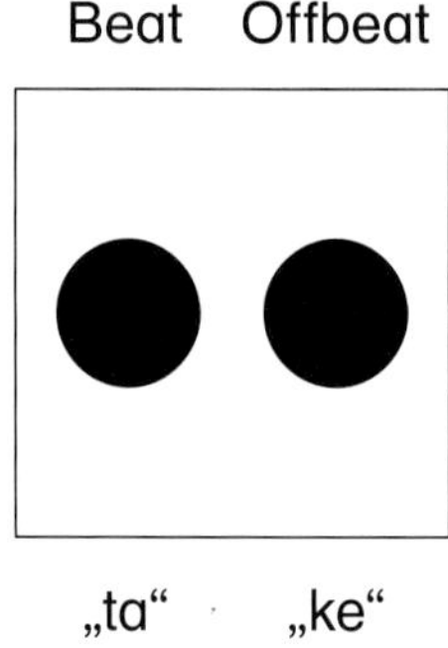

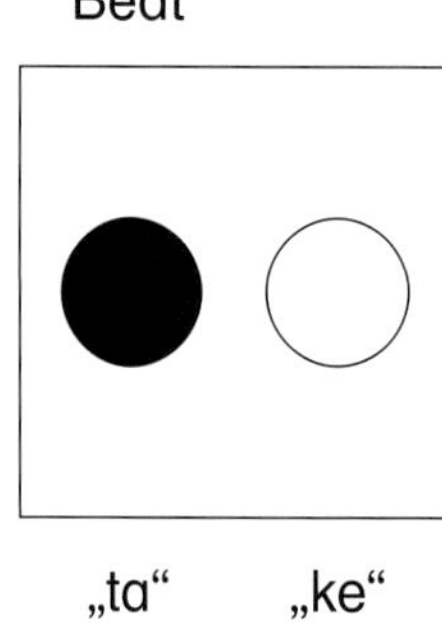

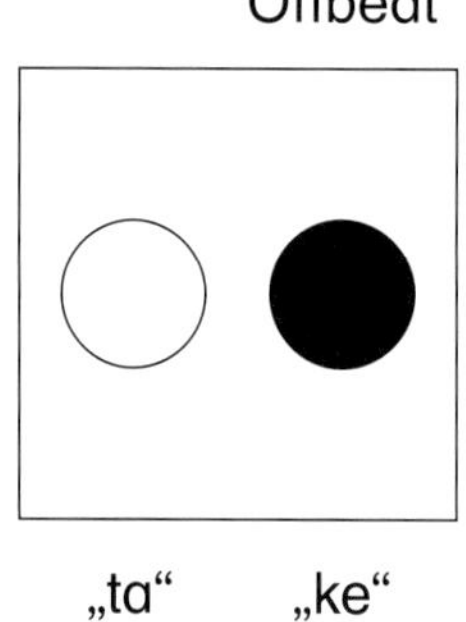

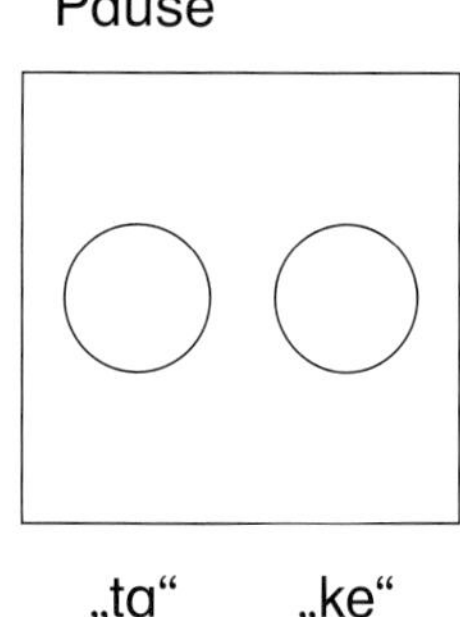

- Klatscht gemeinsam ein gleichmäßiges Tempo und versucht, parallel dazu die Sprechsilben „ta“-„ke“ zu lautieren. Beginnt dann, mit dem rechten Fuß den Beat parallel zur Silbe „ta“ zu vertreten.
- Seht euch nun die einzelnen Rhythmusbilder genau an. Bei den ausgefüllten Punkten (schwarz) patscht ihr mit den Händen auf die Oberschenkel, bei den unausgefüllten Punkten (weiß) pausiert ihr.
- Spielt nun das 1. Rhythmusbild zunächst 8-mal. Lautiert die Sprechsilben dazu. Anschließend geht ihr ohne Pause zum 2. Rhythmusbild weiter. Wiederholt den Rhythmus ebenfalls 8-mal usw. In einem weiteren Durchgang wiederholt ihr jedes Rhythmusbild nur noch 4-mal, beim 3. Durchgang 2-mal. Abschließend spielt ihr die Rhythmuskette ohne Pause komplett durch.

Variation

- Lautiert die Sprechsilben „ta“-„ke“, stampft bei den ausgefüllten Punkten mit dem rechten Fuß und klatscht bei den unausgefüllten Punkten in die Hände.
- Lautiert die Sprechsilben „ta“-„ke“, stampft die Silbe „ta“ mit dem rechten, die Silbe „ke“ mit dem linken Fuß und klatscht bei den unausgefüllten Punkten in die Hände.

Übungsanleitung 2

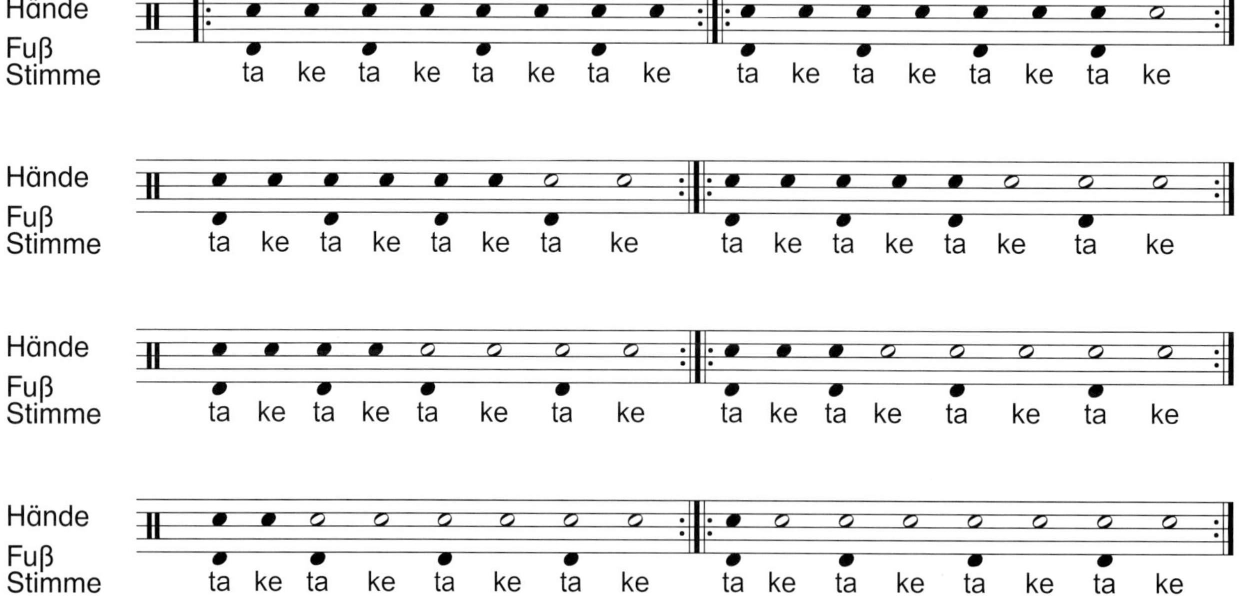

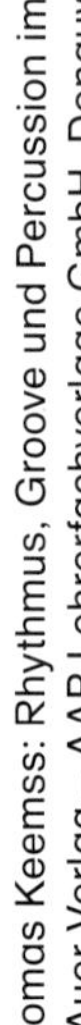

- Lautiert wie gewohnt die Silbenfolge „ta“-„ke“ und vertretet den Grundschlag parallel zur Sprechsilbe „ta“ mit dem rechten Fuß.
- Seht euch die einzelnen Takte genau an. Patscht bei den ausgefüllten Punkten auf die Oberschenkel, bei den unausgefüllten Punkten pausiert ihr. Wiederholt zu Beginn jeden Takt 8-mal (beim 2. Durchgang 4-mal, beim 3. Durchgang 2-mal und schließlich spielt ihr den Takt nur noch einmal). Achtet darauf, dass jeder Takt durch vier Grundschläge mit dem rechten Fuß vertreten wird, über die 4-mal die Sprechsilben „ta“-„ke“ lautiert werden.
- Versucht anschließend, das Rhythmusmotiv in umgekehrter Reihenfolge zu spielen, d. h. ihr beginnt mit dem letzten Takt usw.

Übungsanleitung 3

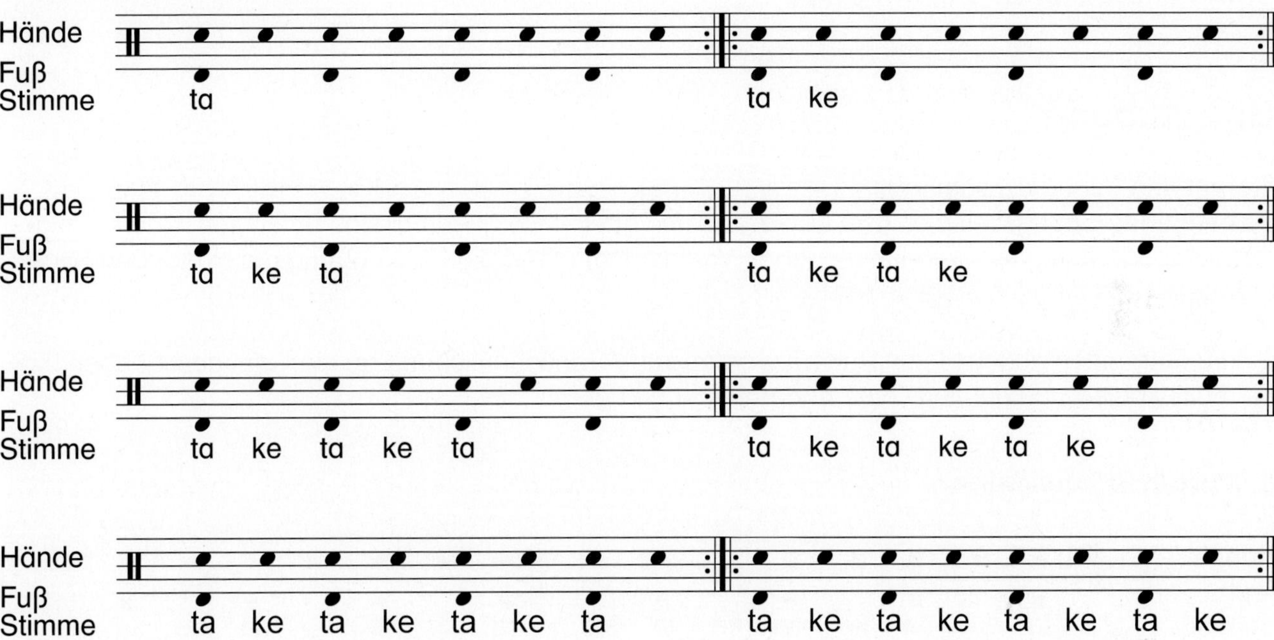

- Bei dieser Übung solltet ihr eure ganze Aufmerksamkeit auf die Sprechsilben richten.
- Beginnt mit dem Grundschlag (durch den rechten Fuß vertreten), setzt darüber den durchlaufenden Wechselschlag der Hände.
- Beginnt dann, die Sprechsilben „ta“-„ke“ wie vorgegeben zu lautieren. Wiederholt zu Beginn jeden Takt 4-mal, beim 2. Durchgang 2-mal und schließlich spielt ihr jeden Takt nur noch einmal.
- Versucht anschließend, die Übung rückwärts zu spielen, beginnt mit der letzten Note des letzten Takts. Achtung: Es ist gar nicht so leicht, wenn der Fuß die 2. Zählzeit vertritt.

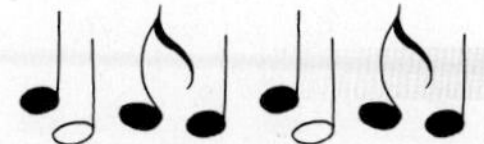

3. Rhythmus und Pattern-Entwicklung

Zeit	ca. 5–10 Minuten pro Übung
Material	Body Percussion (klatschen, patschen, tappen, stampfen, gehen), Stimme (Sprechsilben lautieren), Hand- und Stick-Percussion
Lernebene	Körperwahrnehmung, Koordination, Konzentration
Sozialform	ganze Klasse gemeinsam (unisono) im Stehen am Platz oder im Gehen, Klasse in einzelne Gruppen geteilt
Schwierigkeitsgrad	mittel/schwer

Grundübung

(Lehrer und Schüler zusammen)
Das folgende Übungsbeispiel lässt sich zu Beginn gut mit Body Percussion umsetzen. Nach erfolgreicher Erarbeitung der Grundübung (samt Variationen) dürfte die Übertragung auf Hand- und Stick-Percussion problemlos möglich sein.

Die im Folgenden abgebildeten Pattern werden zur Veranschaulichung an die Tafel geschrieben bzw. auf Folie kopiert und auf den Overheadprojektor gelegt.

1. Pattern-Entwicklung

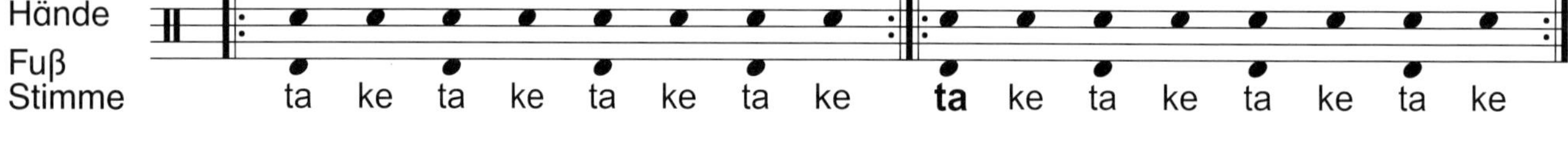

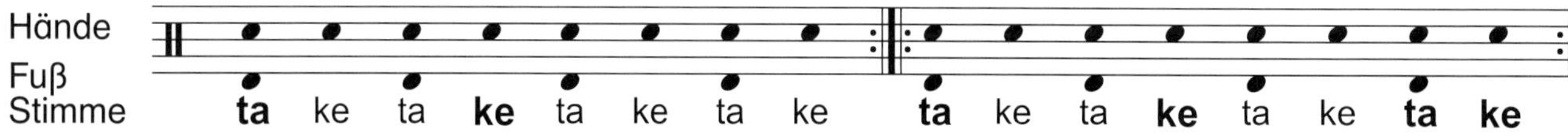

- Die Schüler nehmen gemeinsam ein gleichmäßiges Tempo auf, der Beat wird mit dem rechten Fuß vertreten. Gleichzeitig werden die Sprechsilben „ta"-„ke" lautiert. Die Hände führen im Wechselschlag in Begleitung der Silben („ta"-„ke") leise Taps auf die Oberschenkel aus.
  Jeweils vier Silbengruppen bilden einen Takt. Die vier Silbengruppen des 1. Takts sollten zunächst so lange weiterlaufen, bis sie als geschlossene Formeinheit (Takt) vergegenwärtigt sind („ta"-„ke" „ta"-„ke" „ta"-„ke" „ta"-„ke").
- Der Beginn eines neuen Takts bzw. der Anfang einer neuen Vierergruppe wird durch Betonung der Silbe „ta" nach jeweils vier Silbengruppen markiert. Auch die Schlaghand übernimmt, parallel zur Stimme, diese Betonung.
  Auf diese Weise erklingt folgendes Rhythmusmuster: „**ta**"-„ke" „ta"-„ke" „ta"-„ke" „ta"-„ke".
- In Takt 3 soll nun zusätzlich die Offbeatsilbe („ke") der 2. Silbengruppe hervorgehoben werden. Die Silbe wird betont, parallel dazu wird der Akzent in die Bewegung auf die Nachschlaghand übertragen.
  Das Pattern lautet jetzt: „**ta**"-„ke" „ta"-„**ke**" „ta"-„ke" „ta"-„ke".

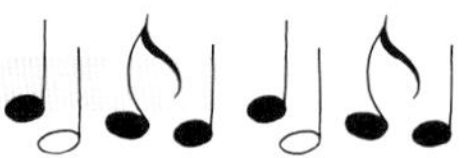

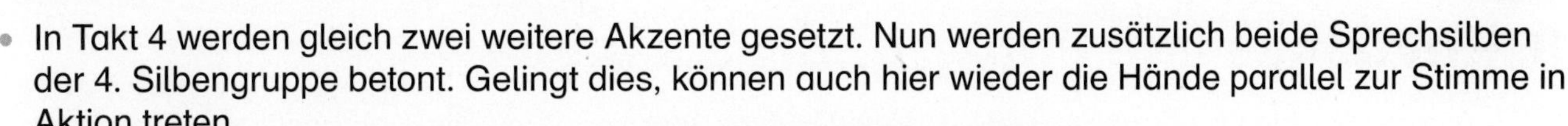

- In Takt 4 werden gleich zwei weitere Akzente gesetzt. Nun werden zusätzlich beide Sprechsilben der 4. Silbengruppe betont. Gelingt dies, können auch hier wieder die Hände parallel zur Stimme in Aktion treten.
  Das komplette Pattern lautet nun: „**ta**"-„ke" „ta"-„**ke**" „ta"-„ke" „**ta**"-„**ke**".

2. Pattern-Übertragung

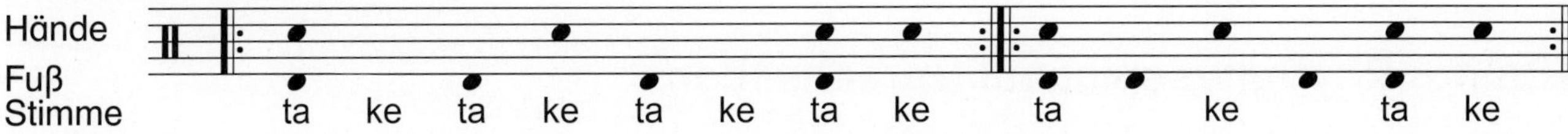

- Während das Pattern (Takt 4 der Pattern-Entwicklung) beharrlich weiterläuft, versuchen die Schüler, die Bewegung der Hände allmählich so weit zu reduzieren, dass letztlich nur noch die Akzente gespielt werden (Takt 1 Pattern-Übertragung). Dabei ist es hilfreich, das Spiel der Hände durch die Fortsetzung der Sprechsilben noch ein paar Takte abzusichern, um dann auch diese mit Ausnahme der Akzentsilben ganz allmählich verklingen zu lassen.
  Schließlich spielen Stimme und Hände das Rhythmus-Pattern (bestehend aus Beats und Pausen) zusammen. Der Fuß übernimmt dazu mit seinem gleichmäßigen Beat die Vertretung von Tempo und Grundschlag (Takt 2 Pattern-Übertragung).

3. Body Percussion – Body Groove

Mit ein bisschen Bewegung kann zusätzlich Klangfarbe ins Spiel gebracht werden.

- Das zuvor erarbeitete Pattern läuft weiter, nach und nach werden die einzelnen Akzente durch unterschiedliche Bewegungen ersetzt.
  1. Akzent: Die Schüler patschen mit der Schlaghand auf die gegenüberliegende Schulter. Es erklingt ein dumpfer Laut („**bum**").
  2. Akzent: Die Schüler klatschen in Hüfthöhe in beide Hände. Es erklingt ein knackiges Geräusch („**tscha**").
  3. und 4. Akzent: Die Schüler patschen lässig aber gut hörbar seitlich gegen die Oberschenkel. Es erklingen zwei markante Patschimpulse („**ta**"-„**ke**")
  Wenn dies alles gelingt, ist aus dem Rhythmus-Pattern ein lebendiger Groove für Body Percussion entstanden, der folgendermaßen klingt: „bum" „tscha" „ta"-„ke".

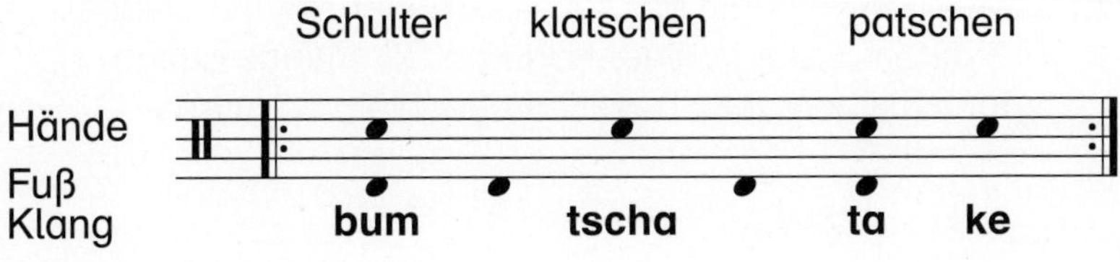

Die Aktion findet folglich auf drei verschiedenen Ebenen statt, jede Ebene erfüllt eine bestimmte Aufgabe:

- Der Fuß vertritt bodenständig den Grundschlag (➔ Motorik und Zuteilung).
- Die Klangsilben unterteilen den Beat mit ihrem regelmäßigen Silbenfluss (➔ Begleitung und Unterteilung).
- Die Hände führen ihr grooviges Pattern aus (➔ geplante Handlung).

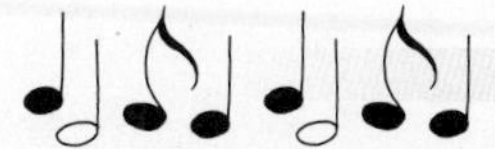

Variation

- Die Klasse wird in vier Gruppen geteilt. Jede Gruppe übernimmt jeweils eine bestimmte Betonung des Patterns:
  Die erste Gruppe setzt den 1. Akzent „bum“ aktiv um, die zweite Gruppe folgt mit dem 2. Akzent „tschak“. Danach übernimmt die dritte Gruppe den 3. Akzent „tak“, worauf die vierte Gruppe mit „ke“ ergänzend einsteigt.

Übung: Rhythmusspiel mit Sprechsilben

Die Grundlage des folgenden Rhythmusspiels ist der zuvor erarbeitete Body Groove. Dieser Groove läuft durchgängig durch, zusätzlich aber wird über den Grundschlag mit seinem Body Groove ein neues Rhythmus-Pattern gelegt. Dieses Rhythmus-Pattern (Sprechsilbe „ta“) wird von dem Lehrer laut in die Schülerrunde gerufen („call“) und im direkten Anschluss von den Schülern zurückgegeben („response“).

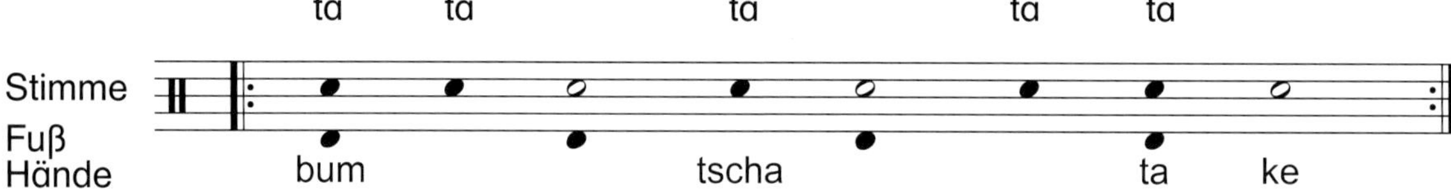

Tipp

- Der rechtzeitige Abschluss des Call-Patterns auf den 4. Grundschlag gewährleistet den Schülern die notwendige Reaktionszeit, um den Response-Teil mit Beginn der Wiederholung des Body Grooves im Rhythmus passend anhängen zu können.
- Da der Body Groove durchgängig durchläuft, ist es auch nicht weiter tragisch, wenn die Antwort einmal etwas „wackelig“ ausfällt. Die ständige Wiederholung des gleichen Body Grooves und Rhythmus-Patterns ermöglicht die sofortige Korrektur.

Variation

- Nach und nach kann das Rhythmus-Pattern um die Sprechsilbe „ti“ erweitert werden. Mit den beiden Sprechsilben „ta“ und „ti“ kann im weiteren Verlauf ein ganzer Pool neuer Rhythmusideen erschlossen werden. Die Sprechsilbe „ti“ wird automatisch in einer höheren Stimmlage ausgesprochen, sodass sich im Lautieren der Rhythmussilben ganz heimlich eine Melodie miteinschleichen kann.

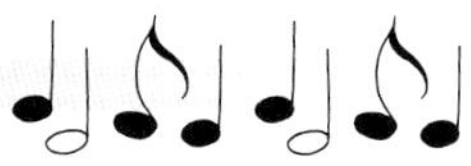

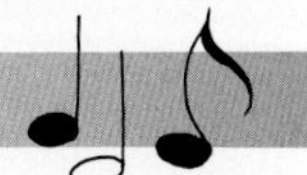

Hintergrundwissen

Rhythmus im Notenbild

Während es zahlreiche Kulturen bis heute bevorzugen, ihre Musik auf dem Weg der mündlichen Vermittlung (oral culture) und praktischen Anleitung weiterzugeben, verwendet unsere europäische Kultur bevorzugt die Notenschrift (literature culture) zur Darstellung, Vermittlung und Anleitung von Musik.
Die Verschriftung von Rhythmus, Melodie und Harmonie verläuft bei der Darstellung von Musik im Notenbild auf einer gedachten Zeitachse, die als System von fünf Notenlinien dargestellt wird. Die auf diesen Notenlinien bzw. in ihren Zwischenräumen eingezeichneten Notenköpfe, die als Aktionszeichen in Punktform zum Spielen auffordern, werden im horizontalen Verlauf der Leserichtung notiert. Ihre Tonhöhe – die bei der Percussion keine exakte Festlegung, sondern lediglich eine ungefähre Orientierung im Vergleich einzelner Instrumente anbietet – wird dadurch kenntlich gemacht, wo die Notenköpfe eingetragen werden, d. h. auf welchen Linien bzw. in welchen Zwischenräumen. Ihre Dauer lässt sich mithilfe der an den Notenhälsen befindlichen Fähnchen leicht unterscheiden.
Als Zeichen für das musikalische Innehalten (das Pausieren) gibt es zu jedem Notenwert ein entsprechendes Pausenzeichen. Dem Notentext werden im Regelfall Angaben zum Takt (Metrum) vorangestellt. Diese Taktvorgabe wird gewöhnlich als Bruchwert dargestellt und bietet damit Informationen zur Formzahl (z. B. 4) und zum Nennwert (z. B. Viertel) der verwendeten Taktart. So wird beispielsweise durch die Angabe 4/4 vorgegeben, dass jeweils vier Zählimpulse (Formzahl) im zeitlichen Bezug zum Wert der Viertelnote (Nennwert) einen vollständigen Takt bilden (4 x 1/4 = 4/4 = 1 Takt). Jedes Taktende wird durch einen Taktstrich markiert und hilft damit, eine bessere Übersicht zu behalten.

Bei der Darstellung von Rhythmusbeispielen und ihrer Übertragung auf das Percussion-Spiel erweist sich das Verhältnis der zweifachen Unterteilung des Grundschlags (SD 2:1) als körpernah und damit ideal.
In der körperlichen Erfahrung der Gehbewegung finden wir unsere rhythmische Prägung und Begabung aufs Natürlichste wieder. Diese für uns natürliche Abwechslung im Rhythmusspiel können wir über das Laufen hinaus besonders eindrucksvoll beim Percussion-Spiel auf Trommeln beobachten bzw. selbst erfahren, denn auch hier begegnen wir kulturübergreifend der grundständigen Bewegungsorganisation im Wechselschlag der Hände.

Um mit all diesen technischen Grundlagen musikalisch sicher und variabel umgehen zu können, braucht es Anregungen sowie eine praktische Anleitung.

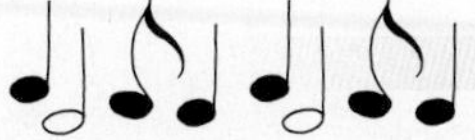

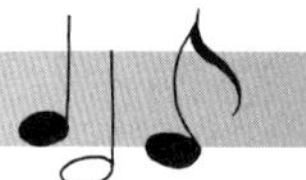

4. Rhythmus im Notenbild

Zeit	ca. 5–10 Minuten pro Übung
Material	Body Percussion (klatschen, patschen, tappen, stampfen, gehen), Stimme (zählen, Sprechsilben lautieren), Hand-Percussion (trommeln)
Lernebene	Rhythmusgefühl, Koordination, Konzentration, Notenlesen
Sozialform	ganze Klasse gemeinsam (unisono) im Stehen am Platz oder im Gehen
Schwierigkeitsgrad	mittel/schwer

Grundübung

(Lehrer und Schüler zusammen)
Die folgenden Übungsbeispiele lassen sich zu Beginn gut mit Body Percussion und Stimme umsetzen. Im weiteren Verlauf empfiehlt sich die Übertragung auf Hand- und Stick-Percussion.
Das folgende Notenbeispiel kann zur Veranschaulichung an die Tafel geschrieben bzw. auf Folie kopiert und auf den Overheadprojektor gelegt werden.

Motiv-Vorstellung

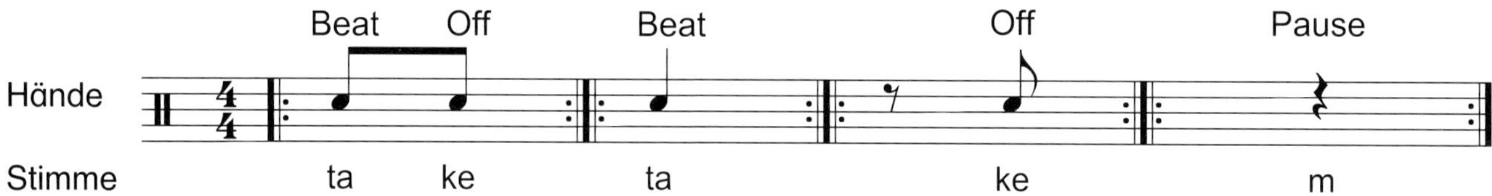

Die Notenzeile stellt vier verschiedene Rhythmusmotive (kurze Notengruppen, die sich zu einer Sinneinheit zusammenschließen) dar.
Das 1. Motiv besteht aus zwei Achtelnoten, die durch einen Balken miteinander verbunden sind. Das 2. Motiv besteht aus einer Viertelnote, die lediglich einen Notenhals ohne Balken oder Fähnchen aufweist. Das 3. Motiv besteht aus einer Achtelpause und einer Achtelnote (erkennbar durch das Fähnchen am Notenhals). Das 4. Motiv besteht aus einer Viertelpause.
Die Ausführung gleicht im Grunde derjenigen, die bereits bei den Rhythmusquadraten eingeübt wurde (Schlaghand auf „ta“ und Nachschlaghand auf „ke“).

- Die Schüler nehmen den Beat im Tempo einer Gehbewegung (ca. 112 bpm) mit dem Fuß auf. Dazu lautieren sie mit ruhiger Stimme die Grundschlagunterteilung („ta“-„ke“).
- Beim 1. Durchgang wird zunächst allein das 1. Motiv mit den Händen auf die Oberschenkel gepatscht, dann pausieren die Hände über die weiteren drei Zählzeiten, die zunächst allein mit dem Fuß vertreten werden („ta“-„ke“ bum bum bum).
- Danach wird das Patschen auf zwei Motive ausgeweitet. Die beiden folgenden Zählzeiten werden allein mit dem Fuß vertreten („ta“-„ke“ „ta“-„ke“ bum bum).
- Anschließend wird das Patschen auf drei Motive ausgeweitet und nur noch die letzte Zählzeit allein mit dem Fuß vertreten („ta“-„ke“ „ta“-„ke“ „ta“-„ke“ bum).
- Schließlich werden alle vier Zählzeiten gepatscht („ta“-„ke“ „ta“-„ke“ „ta“-„ke“ „ta“-„ke“).

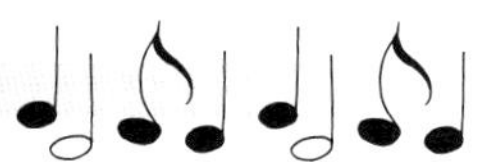

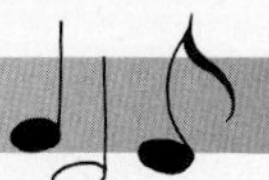

- Auch beim 2. Durchgang wird jedes Motiv Schritt für Schritt erarbeitet. Nun klingen die Sprechsilben langsam aus, es läuft allein die durchgehende Patschbewegung über dem gleichmäßigen Fußschlag weiter. Gelingt dies, versuchen die Schüler, parallel zum Fußschlag vier Zählzeiten laut mitzuzählen (1 2 3 4 1 2 3 4 usw.). Es wird erneut mit dem 1. Motiv begonnen. Nach und nach werden auch die weiteren Motive schrittweise (Sprechsilben ausklingen lassen, durchgehende Patschbewegung, lautes Mitzählen der Zählzeiten) erarbeitet.
  Das 3. Motiv verlangt bereits etwas mehr Aufmerksamkeit. Hier sollten die Offbeat-Achtel ganz stabil von der Nachschlaghand ausgeführt werden.

Vertiefung und Erweiterung

Übungsblatt – Rhythmus im Notenbild

Vorrangiges Ziel dieser Übungen ist die Entwicklung und Förderung des motorischen Konzepts: der Koordination der Hände sowie des gezielten und bewusst gesteuerten Einsatzes (= Interdependenz) von Fuß, Hand und Stimme. Mit dem gesicherten Erwerb der motorischen Verfügbarkeit ergibt sich nahezu beiläufig auch die Fähigkeit, ganze Motivketten in Taktform lesen zu können.

Tipp

- Alle Leseübungen sollten mindestens einmal so ausgeführt werden, dass alle Motive, Takte und Notenzeilen mit Sprechsilben lautiert werden. Dies wird von einer durchgängigen Patschbewegung beider Hände auf die Oberschenkel begleitet.

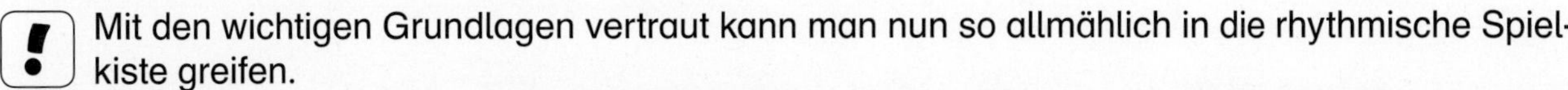

Mit den wichtigen Grundlagen vertraut kann man nun so allmählich in die rhythmische Spielkiste greifen.
An dieser Stelle sollte jedoch nicht unerwähnt bleiben, wie wichtig es ist, dass der Lehrer die einzelnen Takte der folgenden Übungsbeispiele sicher vorspielen kann, da er darüber hinaus die Einsätze geben und Aufgaben für das Nachspiel bzw. Antworten zuteilen muss. Nicht zuletzt muss er seine Schüler darin unterstützen, das Timing zu halten. Gut vorbereitet kann das dann gerne aussehen wie improvisiert.

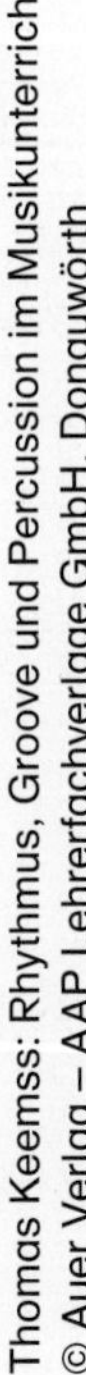

Rhythmus im Notenbild

Motiv-Vorstellung

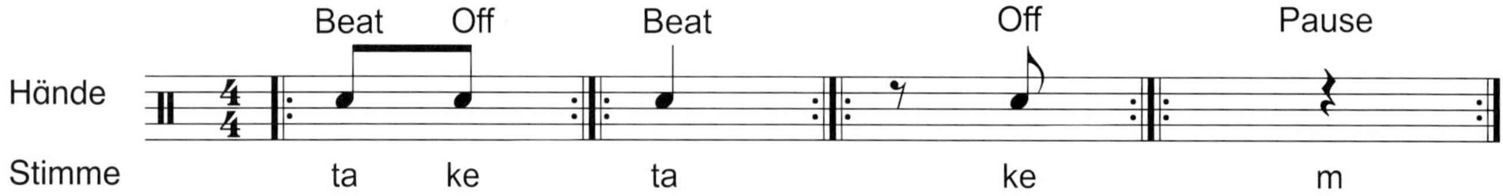

- Nehmt den Grundschlag mit dem Fuß auf.
- Patscht jedes einzelne Motiv 8-mal (4-mal) mit den Händen zum Grundschlag vom Fuß.
- Klatscht den Grundschlag mit den Händen und lautiert dazu die Sprechsilben.
- Lautiert die Sprechsilben parallel zum Patschen der Hände sowie zum Grundschlag vom Fuß.

Motiv-Verarbeitung

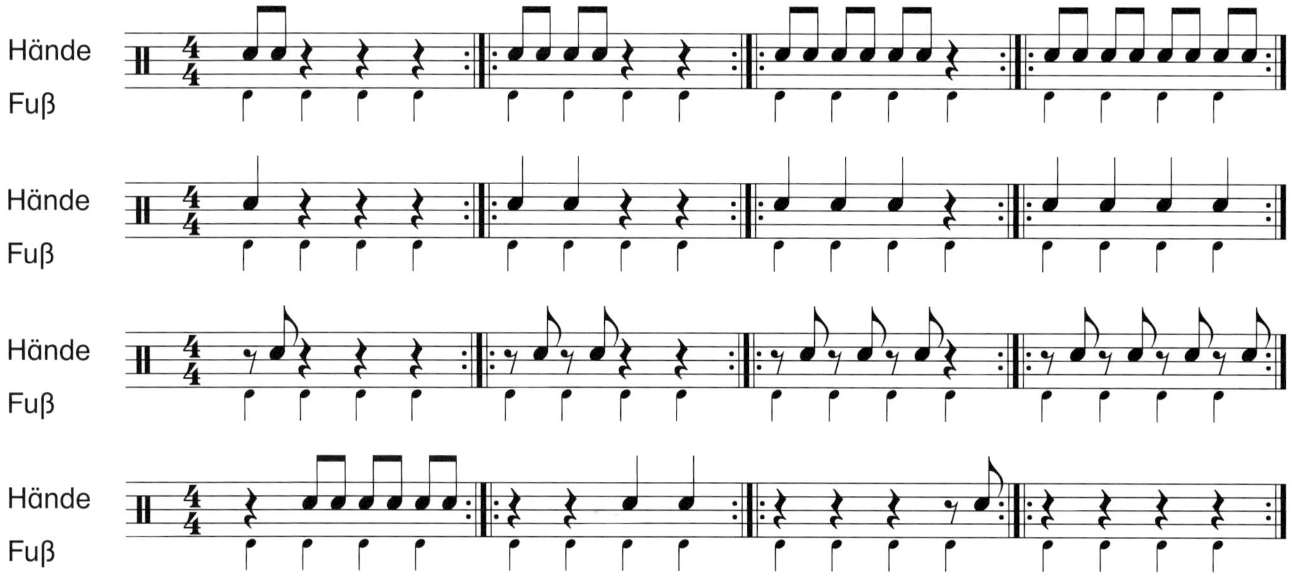

- Nehmt den Grundschlag mit dem Fuß auf.
- Patscht die Oberstimme mit den Händen zum Grundschlag vom Fuß. Wiederholt jedes einzelne Motiv 8-mal (4-mal) und geht dann nach einer kurzen Pause zum nächsten Takt über.

Motiv-Mix

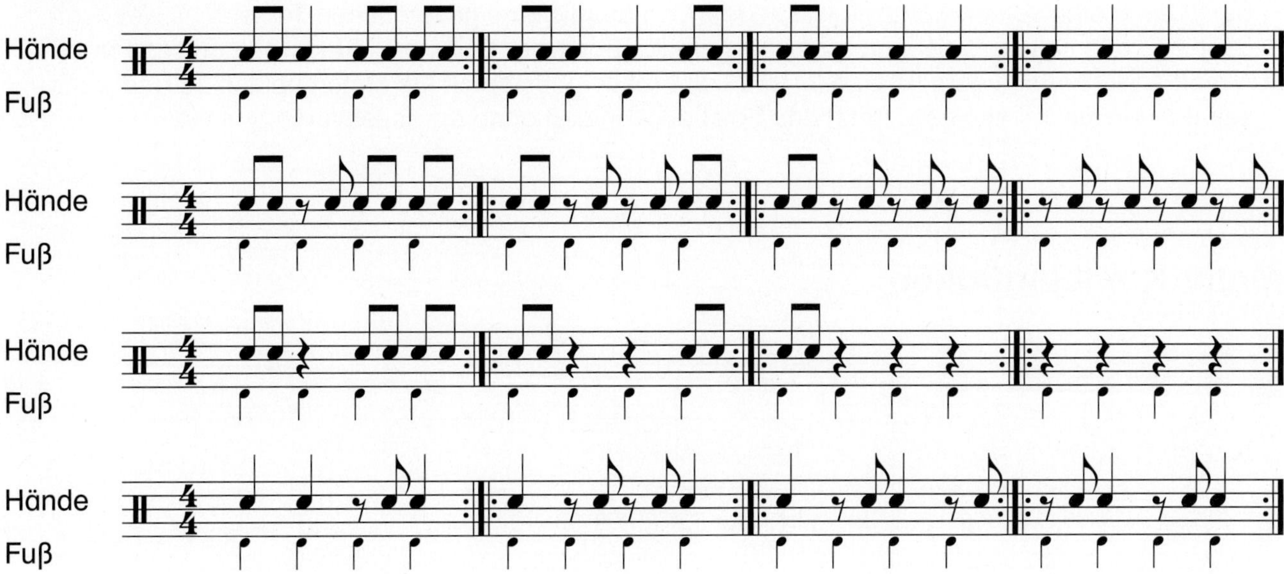

- Nehmt den Grundschlag mit dem Fuß auf.
- Patscht den Rhythmus mit den Händen zum Grundschlag vom Fuß. Wiederholt jedes einzelne Motiv 8-mal (4-mal) und geht dann nach einer kurzen Pause zum nächsten Takt über.
- Patscht die Takte im Verlauf von oben nach unten (Takt 1 der 1. Zeile, Takt 1 der 2. Zeile, (…), Takt 2 der 1. Zeile, Takt 2 der 2. Zeile usw.) oder vom letzten Takt bis zum ersten Takt (Takt 4 der letzten Zeile bis Takt 1 der ersten Zeile).

Motiv-Wiederholung

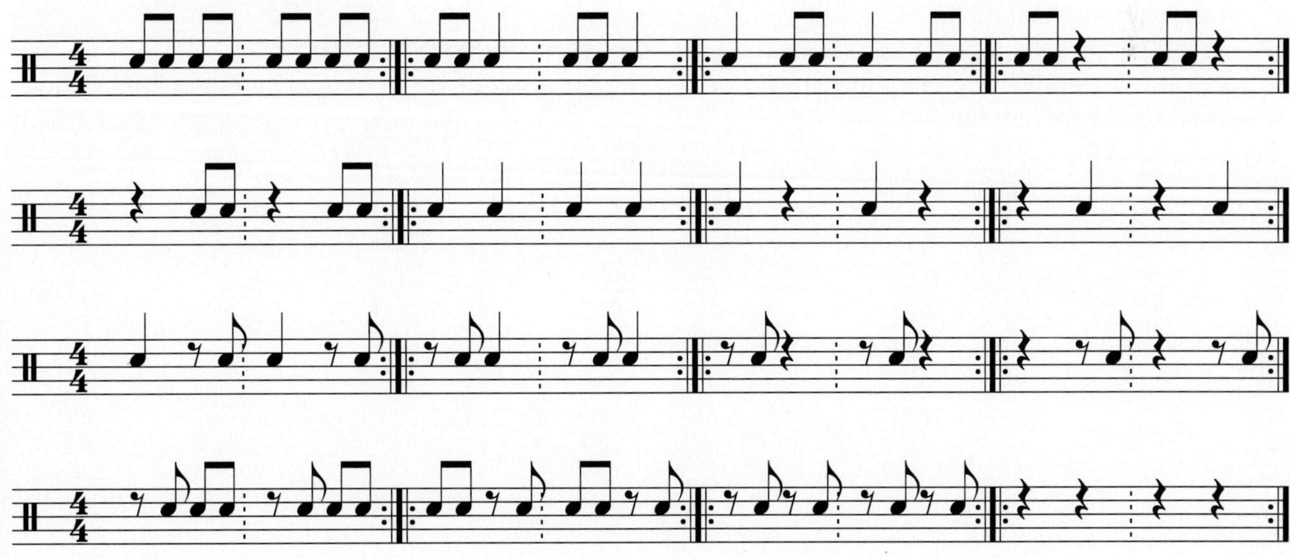

- Nehmt den Grundschlag mit dem Fuß auf.
- Patscht den Rhythmus mit den Händen zum Grundschlag vom Fuß. Wiederholt jedes einzelne Motiv 8-mal (4-mal) und geht dann nach einer kurzen Pause zum nächsten Takt über.

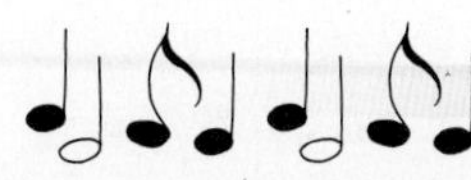

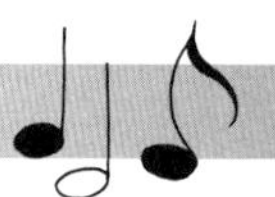

- Zählt die Grundschläge des 4/4-Takts parallel zum Fußschlag laut mit (1 2 3 4 1 2 3 4 usw.). Versucht, jeweils den Taktanfang zu betonen (**1** 2 3 4 **1** 2 3 4 usw.).
- Spielt die ersten beiden Zählzeiten (Zz) des 1. Takts (bis zum gestrichelten Taktstrich), wechselt dann in die 2. Zeile und setzt das Spiel bis an das Ende der Zeile fort. Wiederholt dieses Pattern 4-mal. Anschließend geht ihr zum 2. Takt der 1. Zeile über, spielt die ersten beiden Zz und wechselt dann in die 2. Zeile usw. Setzt das Spiel auch in den anderen Zeilen fort.

Motiv-Kombinationen

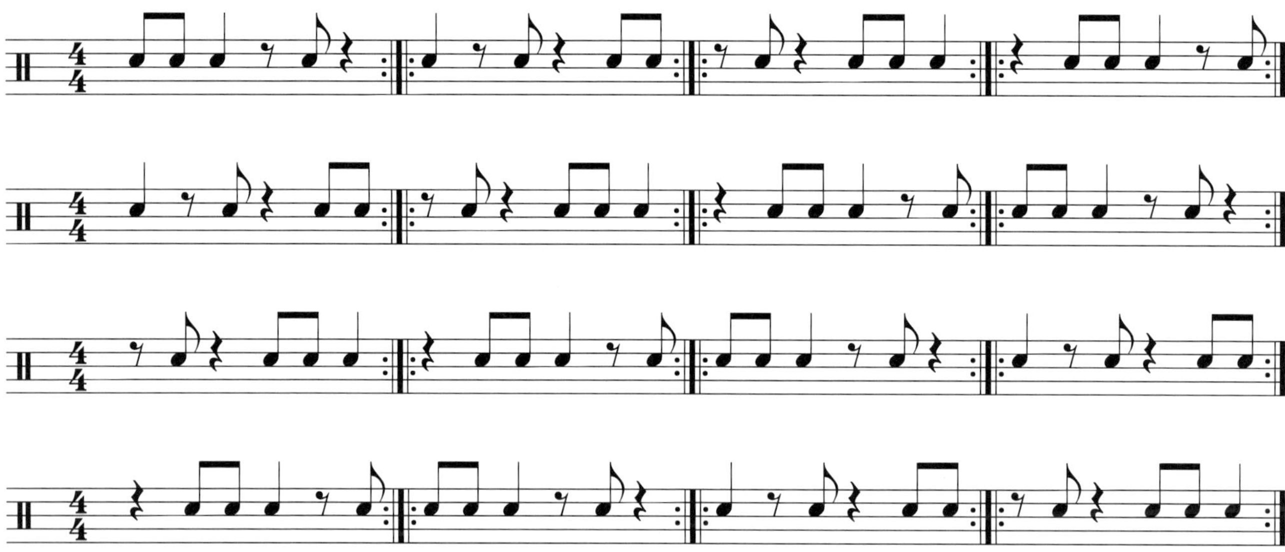

- Nehmt den Grundschlag mit dem Fuß auf.
- Patscht den Rhythmus mit den Händen zum Grundschlag vom Fuß. Wiederholt jeden Takt 3-mal, dann macht ihr einen Takt Pause. Zählt dabei die Taktwiederholungen sowie die Pausen laut mit, um ein sicheres Gefühl für die Taktform zu bekommen (**1** 2 3 4 **2** 2 3 4 **3** 2 3 4 **4** 2 3 4).
- Spielt anschließend jeden Takt nur noch 2-mal und wechselt direkt zum Folgetakt.
- Spielt jeden Takt nur noch einmal. Spielt jeweils eine ganze Zeile, dann macht ihr einen Takt Pause.
- Variiert die Leserichtung und verknüpft schrittweise jeweils die vier untereinander stehenden Takte.

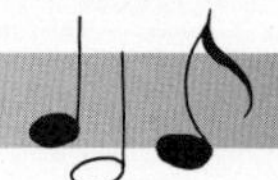

5. Rhythmusspiele mit Achteln

Zeit	ca. 5–10 Minuten pro Übung
Material	Body Percussion (klatschen, patschen, tappen, stampfen, gehen), Small Percussion
Lernebene	Rhythmusimitation, rhythmischer Dialog, Kreativität
Sozialform	ganze Klasse gemeinsam (unisono) im Stehen am Platz oder im Gehen mit Lehrer als Vorspieler/Anleiter, einzelne Vorspieler mit Spielpartner
Schwierigkeitsgrad	mittel

Grundübung

Übungsblatt – Rhythmusspiele mit Achteln

(Lehrer als Vorspieler und Anleiter)
Das Übungsblatt kann zunächst als Vorlage für das Imitationsspiel im Tutti der Klasse genutzt werden. Für die Frage-Antwort-Spiele sollte den Schülern das Übungsblatt als Kopie vorliegen.

Imitation (1-taktig)

- Gestartet wird mit einem normalen Gehtempo (100 bpm) im 4/4-Takt. Der rechte Fuß vertritt den Beat und gibt damit das Timing an.
- Der Lehrer zählt einen 4/4-Takt vor, dann spielt er den 1. Takt – idealerweise auf einer Trommel – mit prägnantem Sound vor. Stehen keine Trommeln zur Verfügung kann auch geklatscht werden. Die Schüler versuchen, sich das Pattern zu merken, um es im direkten Anschluss, auf Zz 1 des folgenden Takts, möglichst exakt nachzuspielen. Sie patschen das Pattern auf die Oberschenkel. Der Lehrer gibt hierzu das Signal.
- Das vorgegebene Pattern wird so lange wiederholt, bis es den Schülern gelingt, das Pattern fehlerfrei wiederzugeben.

Tipp

- Auch wenn die Wiederholung des vorgegebenen Patterns durch die Schüler nicht auf Anhieb gelingen sollte, ist es wichtig, den Taktfluss in seiner Regelmäßigkeit zu erhalten.
- Im weiteren Verlauf können einzelne Schüler die Aufgabe des Vorspielers übernehmen. Sie spielen das Pattern vor und ihre Mitschüler versuchen, es möglichst exakt wiederzugeben.

Übung: Frage-Antwort (1-taktig)

- Der Lehrer zählt einen 4/4-Takt im Marschtempo (120 bpm) vor, die Schüler beginnen, das Timing im Wechselschritt (rechter Fuß – linker Fuß) zu vertreten.
- Die Klasse patscht den 1. ausnotierten Frage-Takt gemeinsam. Dieser Frage-Takt wird dann im direkten Anschluss von einem einzelnen Schüler beantwortet, d. h. er klatscht das vorgegebene Pattern alleine nach. Anschließend patscht die Klasse gemeinsam den 2. ausnotierten Frage-Takt, der nun von einem anderen Schüler im direkten Anschluss beantwortet wird usw.

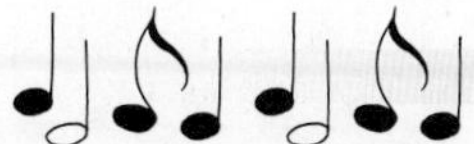

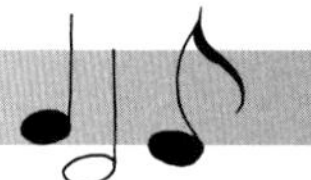

Es empfiehlt sich, die Reihenfolge der Schüler, die die jeweiligen Frage-Takte beantworten, im Vorfeld festzulegen. Die Schüler können sich dann z. B. der Reihe nach aufstellen.

Variation

- Die Schüler stellen sich der Reihe nach auf. Der erste Schüler der Reihe patscht den 1. ausnotierten Frage-Takt vor, sein Nachbar beantwortet diesen Takt. Er kann entweder das vorgegebene Pattern nachklatschen oder aber er erfindet spontan eine Antwort. Anschließend patscht der nächste Schüler den 2. ausnotierten Frage-Takt vor usw. Die Fortsetzung erfolgt der Reihe nach.
- Jeweils zwei Schüler stellen sich einander gegenüber und halten ihre Hände in Kopfhöhe. Die Handflächen zeigen zueinander. Ein Spieler patscht seinem Gegenüber einen der vorgegebenen Frage-Takte in die Hände, sein Mitspieler patscht den Antwort-Takt auf die Oberschenkel. Er kann entweder das vorgegebene Pattern nachpatschen oder aber er erfindet spontan eine Antwort. Anschließend wird gewechselt.

Übung: Frage-Antwort (2-taktig)

- Bei dieser Übung dient ein Eiltempo mit 140 bpm als Timing. Die Schüler vertreten den Grundschlag mit dem rechten Fuß, dazu kann als dezente Achtelbegleitung eine Patschbewegung der Hände auf die Oberschenkel ausgeführt werden.
- Der Lehrer spielt die ersten beiden ausnotierten Frage-Takte vor. Die Schüler imitieren die beiden Takte im direkten Anschluss im Tutti durch lautes Patschen auf die Oberschenkel oder auf die Schulbank. Anschließend spielt der Lehrer die nächsten beiden ausnotierten Frage-Takte vor usw.
- Die Schüler stellen sich nun der Reihe nach auf. Der Lehrer spielt dem ersten Schüler der Reihe die ersten beiden Frage-Takte zu, die der Schüler im direkten Anschluss mit einer spontan erfundenen Antwort beantwortet. Anschließend spielt der Schüler seinem Nachbarn ebenfalls wieder die ersten beiden Frage-Takte zu, die dieser ebenfalls mit einer spontan erfundenen Antwort erwidert usw.
  Nach einigen Wiederholungen des gleichen Frage-Patterns kann schließlich zu einem anderen Frage-Pattern gewechselt werden.

Variation

- Der Lehrer spielt den Schülern einen frei erfundenen, improvisierten Ruf (= call) zu. Die Schüler antworten unisono mit dem ersten ausnotierten Frageblock (= response). Nach vier Rufphasen kann die Aufgabe des „Callers“ an einen Schüler übergeben werden.

Tipp

- Alle Übungen können auch mit Sticks auf der Schulbank getrommelt werden. Hierbei sollten jedoch Teppichfliesen (40 cm x 40 cm) oder Mousepads als Spielunterlage und Dämpfung benutzt werden.
- Statt mit Body Percussion (klatschen, patschen) können die Rhythmus-Beispiele auch mit den vertrauten Sprechsilben („ta“-„ke“) lautiert werden.

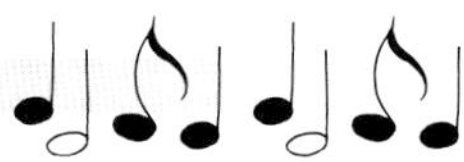

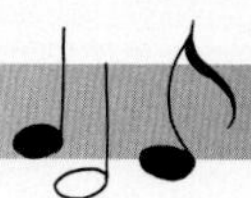

5. Rhythmusspiele mit Achteln

Imitation 1-taktig

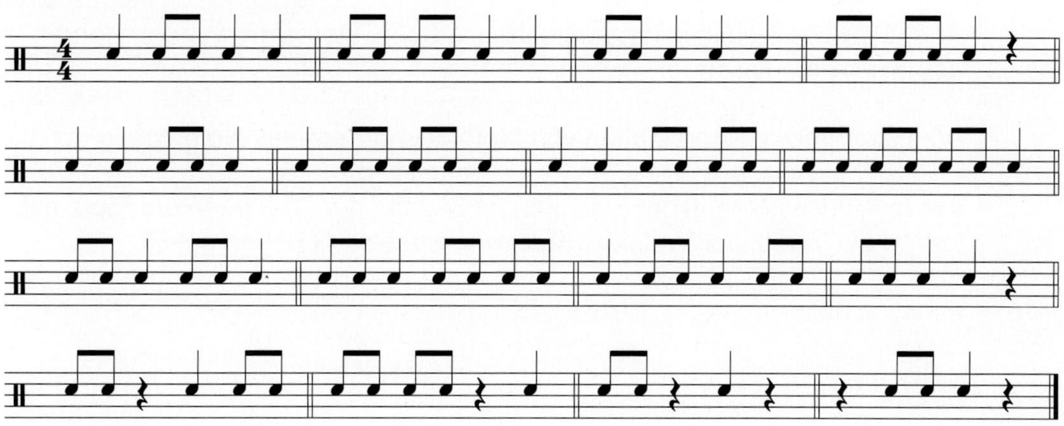

Frage-Antwort 1-taktig

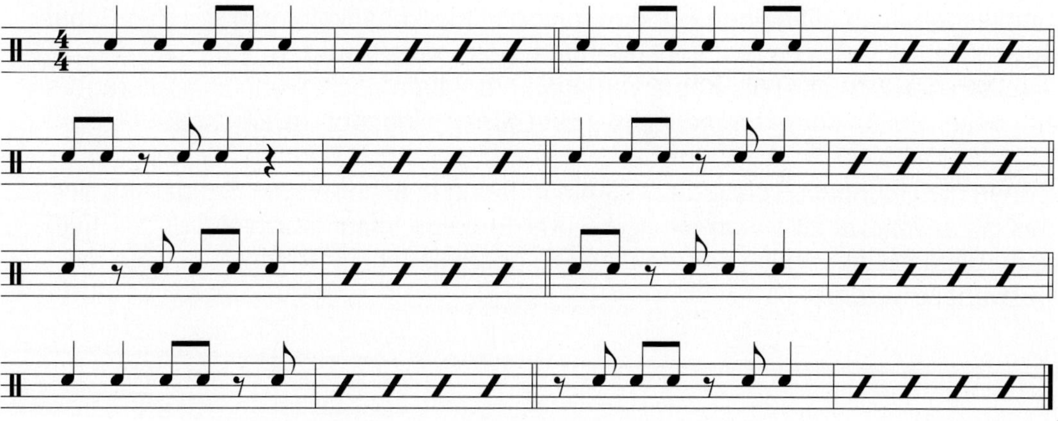

Frage-Antwort 2-taktig

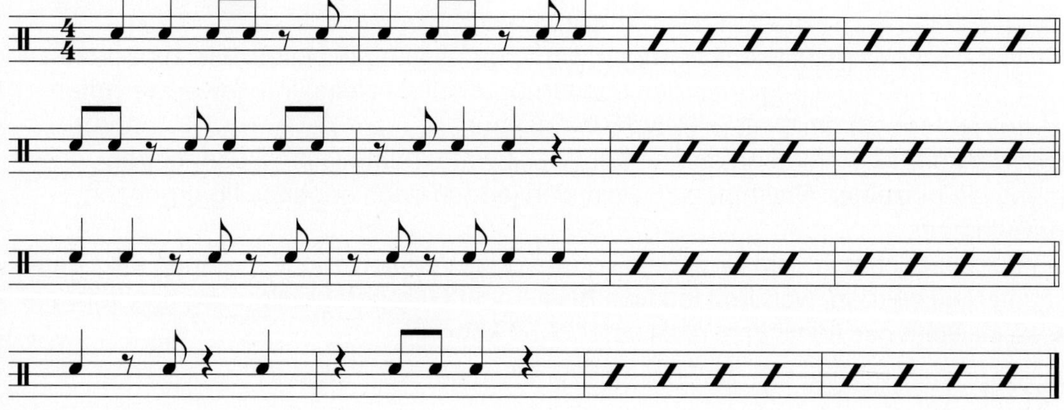

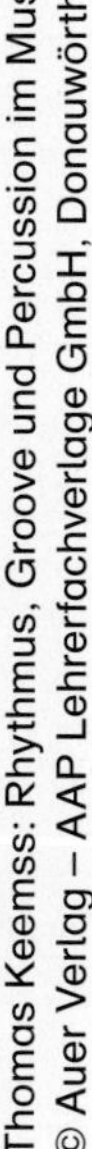

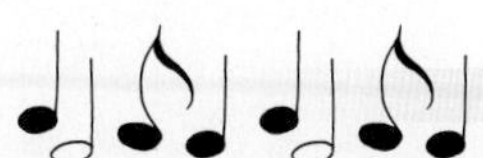

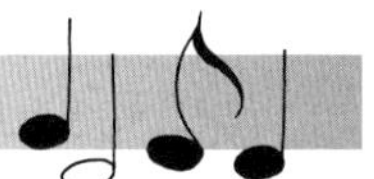

6. Rhythmus mit Zahl und Maß

Zeit	ca. 5–10 Minuten pro Übung
Material	Body Percussion (klatschen, patschen, tappen, stampfen, gehen), Hand- und Stick-Percussion
Lernebene	Aufmerksamkeit, Koordination von Motorik und Sprache, Notenlesen
Sozialform	ganze Klasse gemeinsam (unisono) im Sitzen oder im Stehen am Platz mit Lehrer als Vorspieler/Anleiter, Klasse in einzelne Gruppen geteilt
Schwierigkeitsgrad	mittel/schwer

Grundübung

 ***Übungsblatt – Rhythmus mit Zahl und Maß***

(Lehrer als Vorspieler und Anleiter)
Die drei Übungsbeispiele (siehe Übungsblatt) lassen sich sehr gut mit Hand- oder Stick-Percussion umsetzen, sie können jedoch auch mit beiden Händen auf den Oberschenkeln oder auf den Schulbänken (Teppichfliesen oder Mousepads als Spielunterlage) getrommelt werden.
Die Notenbeispiele sollten den Schülern als Kopie vorliegen (vor allem auch, wenn im weiteren Verlauf das Notenlesen ganzer Zeilen oder kompletter 16-Takt-Etüden eingeübt werden soll).

Im ersten Anlauf können die Übungsbeispiele als Notenleseübung in schrittweiser Steigerung des Schwierigkeitsgrades als erweiterte Ideensammlung für das 1-taktige Imitationsspiel (vgl. 5. Rhythmusspiele mit Achteln, Seite 45) aber auch für 2-taktige Dialogspiele (vgl. 5. Rhythmusspiele mit Achteln, Seite 46) verwendet werden.

 ***Tipp***

- Alle Notenleseübungen sollten mindestens einmal so ausgeführt werden, dass alle Motive, Takte und Notenzeilen mit Sprechsilben lautiert werden. Begleitet wird dies von einer durchgängigen Patschbewegung beider Hände auf die Oberschenkel.

Variation

- Die Klasse wird in vier Gruppen geteilt, jeder Gruppe wird eine bestimmte Notenzeile zugeordnet. Auf das Startsignal des Lehrers hin beginnen nun alle Gruppen gleichzeitig, ihre jeweilige Notenzeile zu spielen – das ist Mehrstimmigkeit (= Polyrhythmus) pur.
  Durch die Überlagerung der Rhythmen entstehen häufig reizvolle rhythmische Spannungen (= Konfliktrhythmen), die einzelnen Rhythmen können sich jedoch auch gegenseitig ergänzen (= Komplementärrhythmen).
- Durch Variation in der Leserichtung – im Horizontalverlauf oder Vertikalverlauf – können die Gruppen noch einmal unterteilt werden, wodurch letztlich bis zu acht Gruppen gebildet werden können und sich die Klasse im Spiel der Achtstimmigkeit versuchen kann.

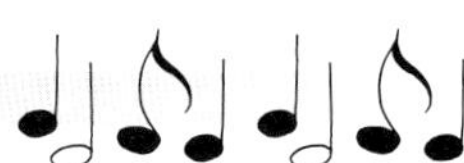

6. Rhythmus mit Zahl und Maß

Viertel und Achtelgruppe

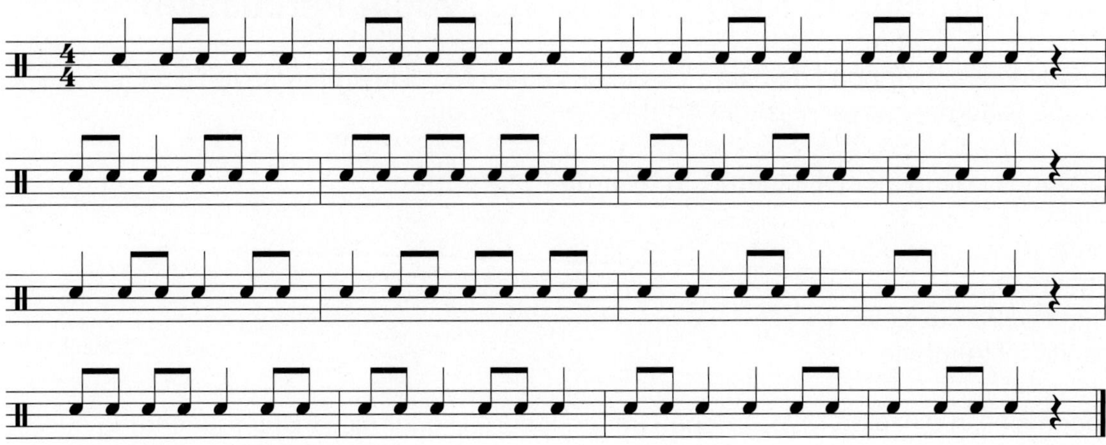

Achtelnote und Achtelpause

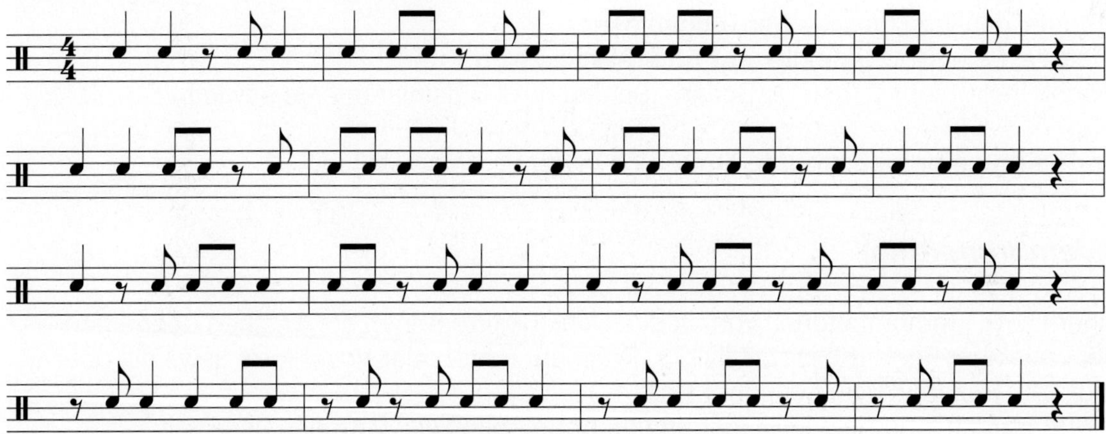

Noten und Pausen im Mix

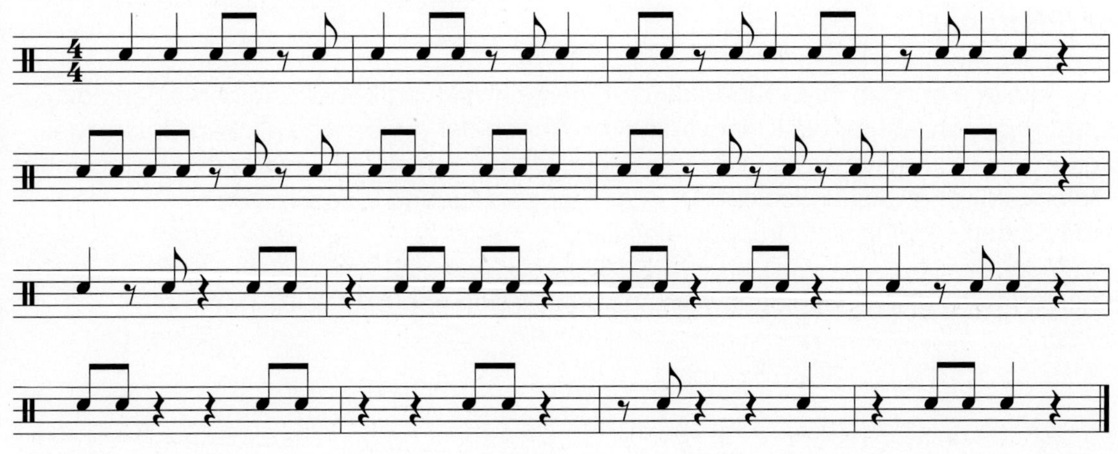

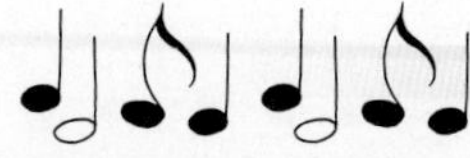

Hintergrundwissen

Percussion – Grundlagen Instrumentenkunde
Benennung, Spielposition, Klangerzeugung, Vocal Percussion

Das entscheidende Merkmal, anhand dessen sich die einzelnen Musikinstrumente bestimmten Instrumentengruppen zuordnen lassen, ist die Art der Klangerzeugung.

Die Instrumentenkunde unterscheidet folgende **Instrumentengruppen**:
- Saiteninstrumente
- Blasinstrumente
- Tasteninstrumente
- Schlaginstrumente (Percussion)
- elektroakustische Instrumente

Diese Großgruppen sind in einzelne Untergruppen untergliedert. Die für diese Untergliederung ausschlaggebenden Merkmale sind wiederum die Art der Klangerzeugung sowie das Material der einzelnen Instrumente.

So ergibt sich folgende Unterteilung:
- Saiteninstrumente: Streich-, Zupf- und Schlaginstrumente
- Blasinstrumente: Holzblas- und Blechblasinstrumente
- Tasteninstrumente: gerissen/geschlagen/angeblasen
- Schlaginstrumente: Fell-, Holz-, Metall- und Tuned-Percussion
- elektroakustische Instrumente: Tasten-, Saiten-, Schlag- und Blasinstrumente sowie MIDI

Für die einzelnen **Percussioninstrumente** ergibt sich folgende Feineinteilung:

Fellklinger (Membranofone)

Zu den Fellklingern bzw. Membranofonen zählen alle Schlaginstrumente, bei welchen über einen Resonanzkörper beliebiger Form (Kessel, Zylinder, Rahmen, Fass- oder Vasenform usw.) ein oder zwei Felle (Schlagfell/Resonanzfell) gespannt sind.
Die Membranofone werden innerhalb ihrer Instrumentengruppe in zwei Gruppen unterteilt:
- Hand-Percussioninstrumente
  werden mit den Fingern oder Händen gespielt.
- Stick-Percussioninstrumente
  werden mit Stöcken (Sticks) oder Schlägeln (Mallets) gespielt.

Selbstklinger (Idiofone)

Selbstklinger bzw. Idiofone bringen ihren Klang durch Eigenschwingung hervor, sie benötigen dazu keinen besonderen Resonanzkörper als Klangverstärker. Neben der augenscheinlichen Unterscheidungsmöglichkeit – dem Material des Klangkörpers (Holz, Metall, Kunststoff) – werden die einzelnen Instrumente in spielpraktischer Sicht nach der Art ihrer Klangerzeugung unterschieden.
So lassen sich die Selbstklinger in vier Gruppen einteilen:
- Aufschlaginstrumente
  werden unmittelbar durch eine Anschlagbewegung zum Klingen gebracht (z. B. Trommeln, Cowbell, Claves).

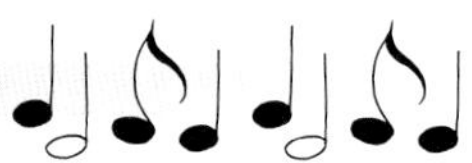

- Gegenschlaginstrumente
  werden durch eine Gegenschlagbewegung der Hände zum Klingen gebracht (z. B. Marschbecken, Fingerbecken).
- Schüttelinstrumente
  Die Klangerzeugung wird mittelbar durch eine Schüttelbewegung ausgelöst. Hierbei können wie beim Tamburin Schellen gegeneinander geführt werden oder aber es wird wie bei Rasseln der Inhalt des Hohlkörpers gegen die Innenwand des Instruments geschleudert.
- Reibinstrumente
  Der Klang wird mittelbar durch eine Dreh- oder Reibebewegung erzeugt (z. B. Cabasa/Afuche, Guiro).

Tuned Percussion

Die wichtigsten Vertreter der Tuned Percussion sind neben den Pauken die Klangstäbe und Boomwhackers. Die Stabspiele (Mallets-Instrumente) bestehen gewöhnlich aus Klangplattensätzen die in klaviaturgemäßer Anordnung der Töne (Stammtonreihe und pentatonische Reihe) zusammengestellt sind. Die bekanntesten Vertreter dieser Gruppe sind das Vibrafon, Marimbafon, Xylofon und das Glockenspiel.

Effektinstrumente

Da es bei der Erzeugung von Effekten bevorzugt darum geht, die Musik durch kleine Klangeffekte wirkungsvoll zu illustrieren, lässt sich für diesen Zweck mit ein wenig Fantasie nahezu jeder Gegenstand musikbezogen einsetzen. So lassen sich neben Hupen, Knackfröschen, Vogelpfeifen, Windspielen und Flaschen auch Soundsamples aller Art verwenden.

Im Folgenden werden die einzelnen Instrumente sowie ihre Spielweise genauer vorgestellt. Die Übungsblätter bieten Aufgaben zur Wissensüberprüfung, ein Sound-Lexikon und Übungsanleitungen.

Übungsblatt: Percussion-Rally
Übungsblatt: Vocal Sound-Lexikon
Übungsblatt: Let's speak rhythm

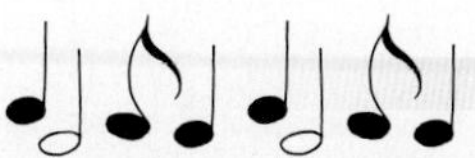

Percussion im Überblick

Zeit	ca. 15–30 Minuten je Instrumentengruppe (inklusive Instrumentenvorstellung) → davon abhängig, wie viele Instrumente jeweils vorgestellt werden
Material	Percussioninstrumente
Lernebene	Instrumentenkunde, Haltung, Anschlag und Spieltechnik der Percussion
Sozialform	Lehrer vor der Klasse
Schwierigkeitsgrad	leicht

Fellklinger (Membranofone) → Hand-Percussion

Bongos

Bongos werden immer als Trommelpaar (Primo & Segundo) verwendet. Die Fingerspitzen der drei mittleren Finger (Zeige-, Mittel- und Ringfinger) schlagen in lockerer Schlagbewegung am äußeren Fellrand und erzeugen damit den typischen knackigen Bongo-Sound. Da die traditionelle Spielposition (siehe Abbildung) häufig Schwierigkeiten bereitet, werden die Bongos auch gerne auf einen Ständer montiert.

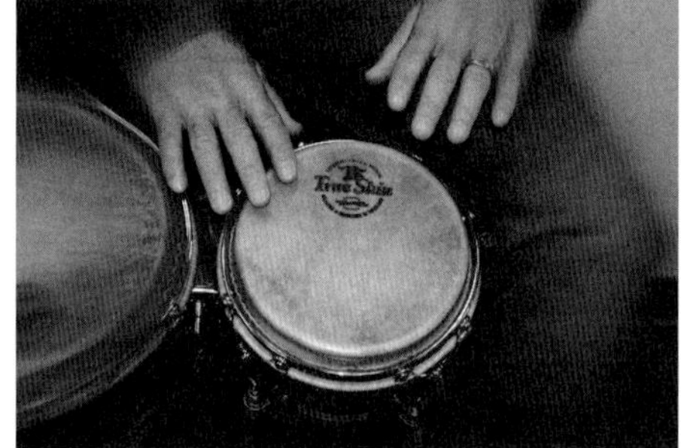

Sound: de-ge do-go

Cajón

„El Cajón" (span. „der Kasten") ist eine kompakte Rhythmusbox mit einer großen Frontplatte als Schlagfläche. Die Schlagfläche wird mit den Händen angeschlagen. Mit ihrem fetten Bass und dem knackigen Snare-Sound ist diese klangvolle Holzkiste ein perfekter rhythmischer Begleiter.

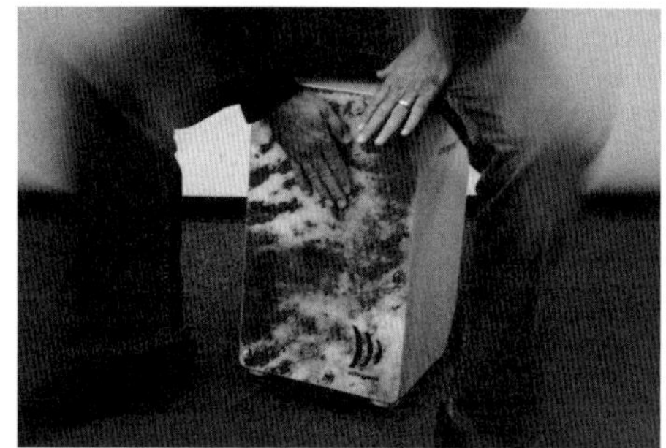

Sound: bumm tschak

Conga/Yambu

Congas werden – egal ob im Dreiersatz (Quinto, Conga, Tumba), als Trommelpaar oder als Einzelinstrument – bevorzugt im Sitzen gespielt. Durch Anschlag mit der Handinnenfläche der leicht abgewinkelten Hand entsteht der weiche Open-Sound, der durch Verlegung der ganzen Hand zur Fellmitte zum satten Bass-Sound wird.

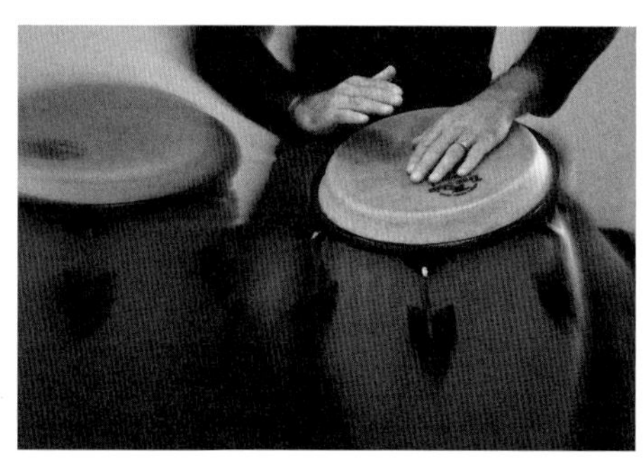

Sound: da-ba du-bu

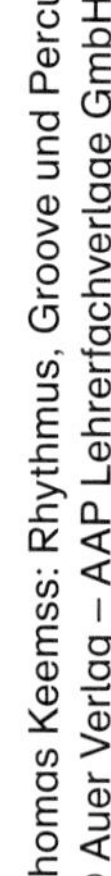

Djembe/Darabukka

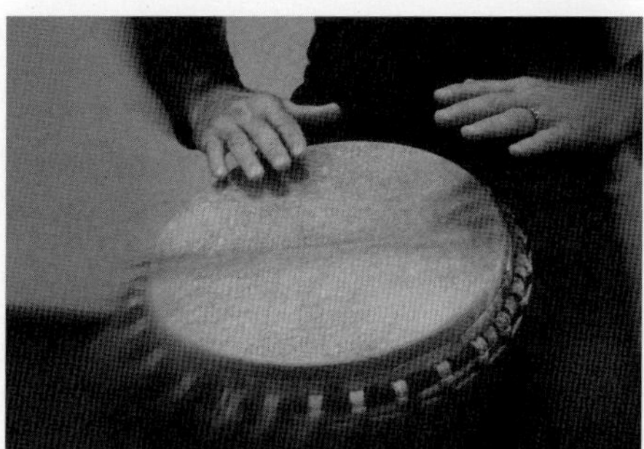
Sound: ta-ka bu-gu

Diese vasenförmigen Trommeln Afrikas und des Orients werden stets im Sitzen gespielt. Kleinere Instrumente legt man mit dem Fell nach vorne auf den Oberschenkel, größere Instrumente werden mit dem Fell nach oben zwischen den Oberschenkeln gehalten. Am Rand gespielt erklingt ein prägnanter Trommel-Sound, während zur Mitte hin gespielt ein mächtiger Bass-Sound entsteht.

Sabar

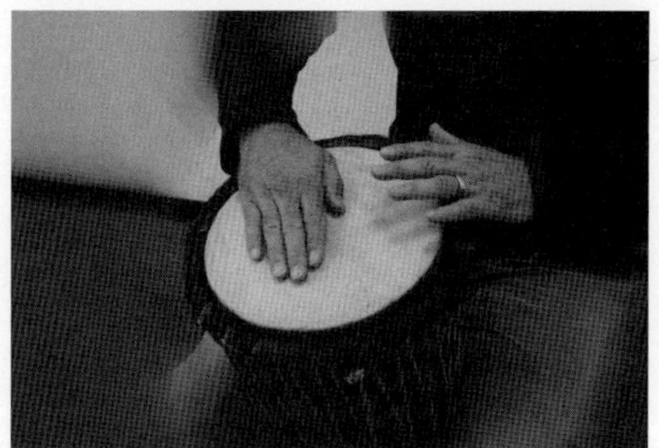
Sound: te-ke pa-ta

Die Sabar wird wie die westafrikanische Djembe als Einzelinstrument im Sitzen gespielt. Die Anschlagtechnik entspricht der Spieltechnik der Djembe, wobei ihr knackig heller Sound eher an den Klang eines kleinen Conga-Modells (Quinto) erinnert.

Frame Drum (Rahmentrommel)

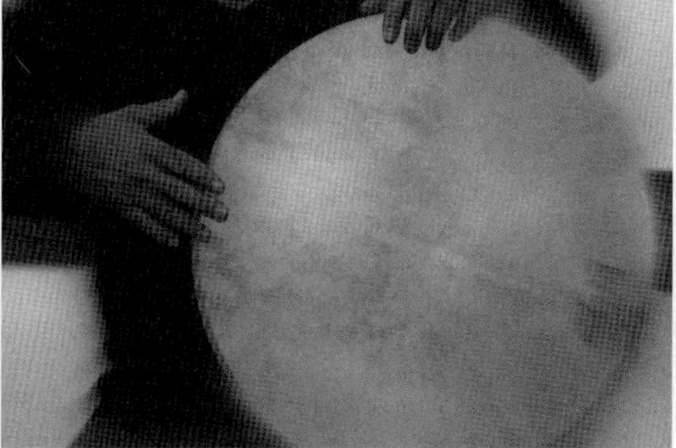
Sound: de-ge dum

Kleinere Rahmentrommeln werden bevorzugt von einer Hand gehalten. Größere Vertreter stellt man senkrecht auf den Oberschenkel, sie werden von oben mit der aufgelegten Hand stabilisiert. Der Anschlag erfolgt mit den Fingern der Spielhand am Fellrand. Es entsteht ein eher singender Trommelton. Mit dem Daumen im Spielbereich zwischen Rand und Mitte gespielt, erklingt ein weicher Bass-Sound.

Pandeiro (Schellentrommel)

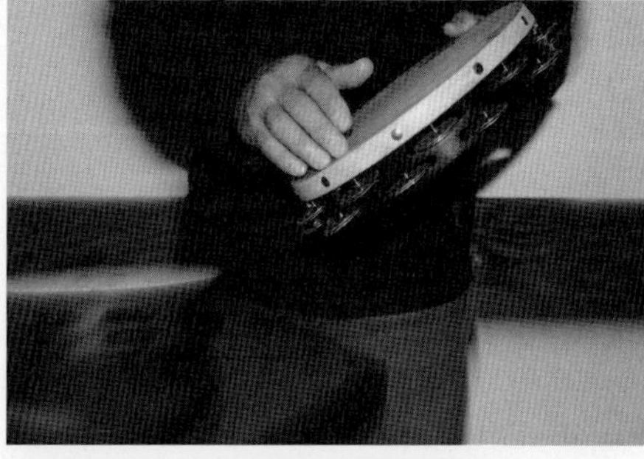
Sound: tschi-ki tschak

Die Schellentrommel gehört zur Familie der Rahmentrommeln. Der Rahmen wird gewöhnlich von der Innenseite her fest gefasst, der Daumen wird von oben her stabilisierend auf das Schlagfell gelegt. Die Klangerzeugung erfolgt in der gleichen Weise wie bei der Frame Drum (siehe oben). Ihre charakteristische Klangfarbe erhält die Schellentrommel durch die im Rahmen eingesetzten Schellenpaare.

Guica

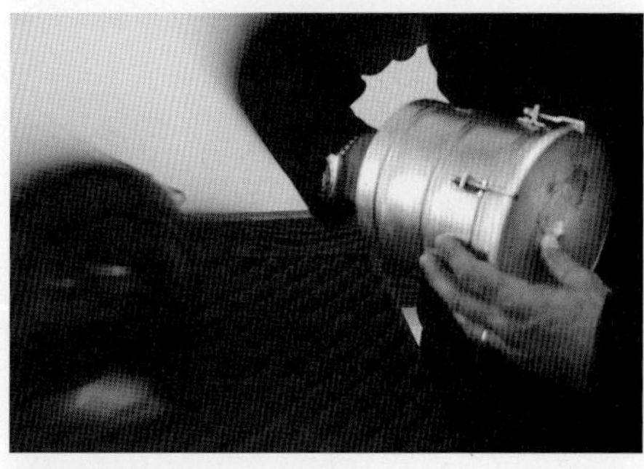
Sound: gi-gu gui

Die Guica wird von der linken Hand vor dem Oberkörper gehalten, während die rechte Hand in den Trommelkörper fasst, wo sich ein dünner Stab befindet. Reibt man mit einem feuchten Lederlappen an diesem Stab, entstehen lustige Quieklaute. Drückt man von der Außenseite her mit dem linken Daumen gegen diesen Stab, entsteht eine ganze Palette effektvoller Sounds. Die Guica stellt so eine Kombination aus Rhythmus- und Melodieinstrument dar.

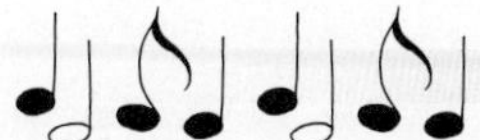

Fellklinger (Membranofone) → Stick-Percussion

Bass Drum (große Trommel)

Die Bass Drum wird entweder am Schultergurt getragen (Spielfläche senkrecht) oder auf ein Untergestell aufgelegt (Spielfläche waagerecht). Sie wird bevorzugt mit einem weichen Filzkopfschlägel gespielt. Mit ihrem vollen Bass vertritt die Bass Drum die Tieftöner in der Familie der Percussion.

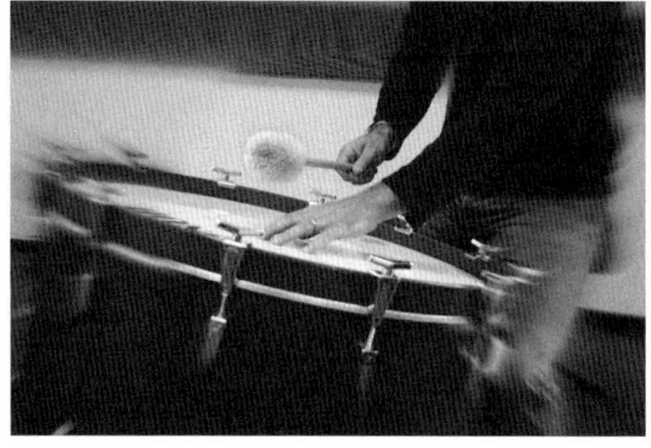

Sound: bum

Dununba, Sangban, Kenkeni

Dununba (tief), Sangban (mittel) und Kenkeni (klein) sind Basstrommeln afrikanischer Herkunft. Sie werden gewöhnlich auf ein Untergestell aufgelegt. Die Grundschläge werden mit einem kräftigen Stock ausgeführt. Diese Basslinie wird oft durch eine Glocke, die mit der anderen Hand gespielt wird, begleitet.

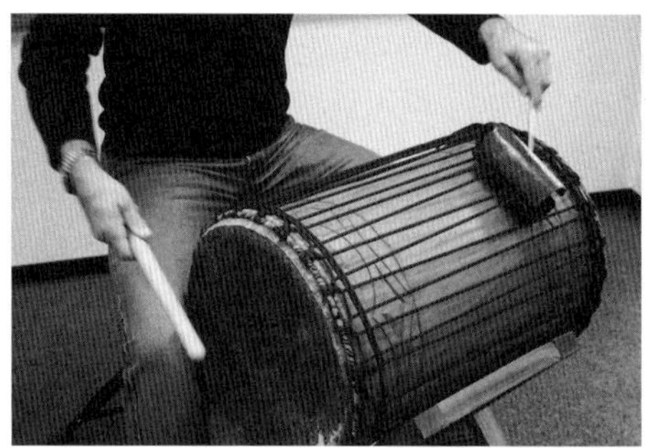

Sound: bum tik

Drum Set

Das Drum Set vereint die Bass Drum (große Trommel), die Snare Drum (Militärtrommel) und die Hi Hat (Marschbecken) zu einem Trommel-Ensemble. Das Drum Set wird von nur einem Spieler meist im Sitzen gespielt. Als Anschlagmittel werden bevorzugt Drum Sticks, Rods und Besen verwendet.

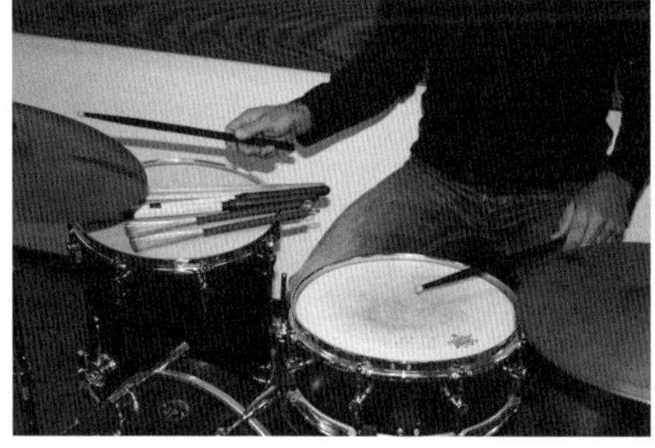

Sound: Bass Drum: bum
Snare Drum: tschak
Hi Hat: tz tzsch

Repinique

Die Repinique findet ihren speziellen Einsatz in der Samba-Musik Brasiliens und wird dort als mobile Marschtrommel am Gürtel getragen. Sie wird meist mit nur einem Stock gespielt, die freie Hand übernimmt die Begleitung in der Art der Conga-Spieltechnik.

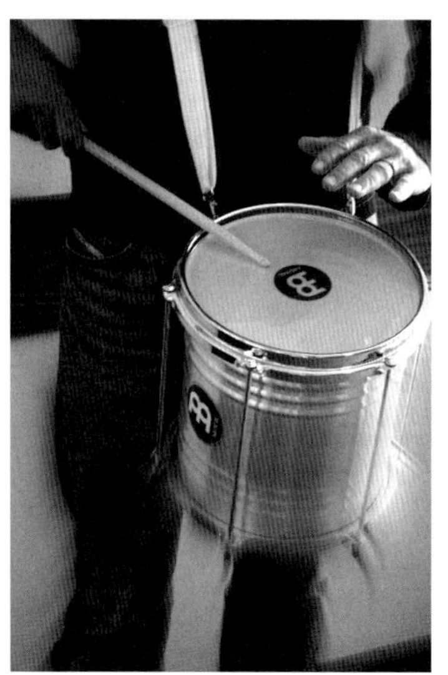

Sound: ta-ka

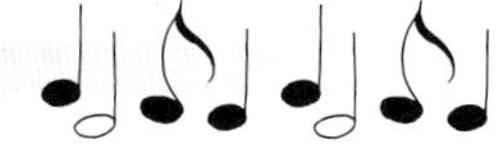

Snare Drum

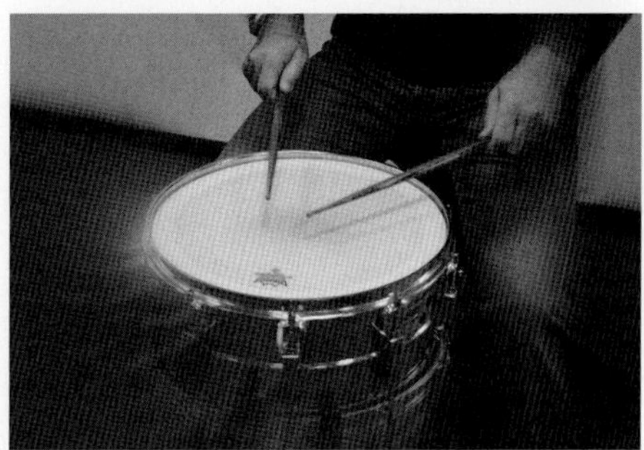

Sound: tscha-ke

Die Snare Drum besteht aus einem schmalen Trommelkorpus mit Schlag- und Resonanzfell sowie Schnarrsaiten. Als Marschtrommel wird sie am Gürtel getragen, als Element des Drum Sets wird sie im Sitzen gespielt. Die Snare Drum wird mit zwei Trommelstöcken angeschlagen. Ihre Schlag- und Spieltechniken mit Accents, Single- und Double-Strokes, Flams, Paradiddles, Rudiments und Rolls bilden das Fundament für alle Trommelinstrumente.

Surdo

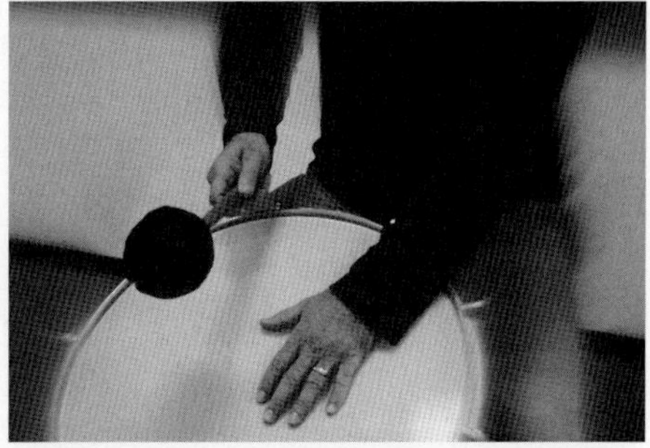

Sound: du-dum dup

Die Surdo vertritt in der brasilianischen Samba den mobilen Sound der Bass-Drum-Linie. Sie ist aus einem Metallkessel gefertigt und wird an einem Gurt hängend getragen. Die Surdo wird mit einem Filzkopfschlägel durch die rechte Hand angeschlagen, mit der linken Hand kann der Nachklang gedämpft werden. Als Ersatz für die Surdo bietet sich das Standtom an.

Tamburin

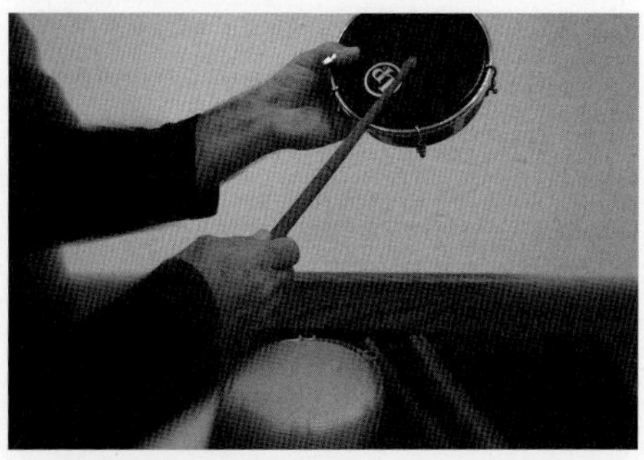

Sound: te-ke tuk

Das Tamburin ist der kleinste Vertreter der Handtrommelfamilie. Diese kleine Trommel wird mit festem Griff gehalten und mit einem kleinen Stock oder einer Peitsche mit der Schlaghand im Randbereich des straff gespannten Fells gespielt. Drückt man mit dem Mittelfinger von der Unterseite her gegen das Fell, verändert sich der knackige Sound in der Tonhöhe nach oben.

Timbales

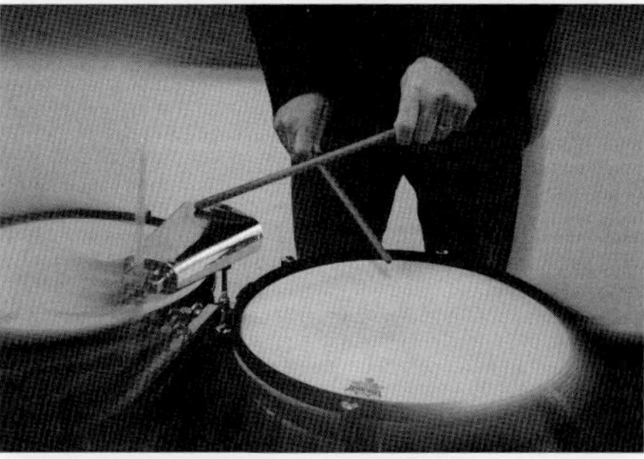

Sound: din-ge don-ge

Die Timbales vertreten als Trommelpaar (Stimmintervall Quarte bis Sexte) die europäischen Pauken. Sie werden im Stehen gespielt, als Anschlagmittel werden dünne Timbales-Sticks verwendet. Die Timbales werden gewöhnlich in der Nähe des Fellrands angeschlagen. Der Anschlag am Trommelkorpus (Metallkorpus) oder auf einer anmontierten Cowbell bietet eine reizvolle Klangerweiterung.

Tomtoms

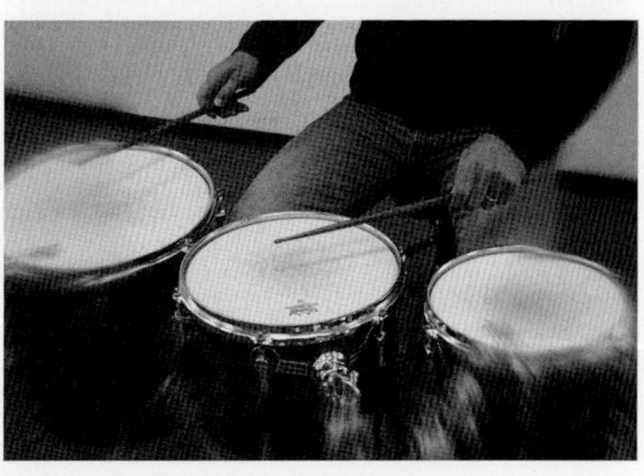

Sound: du-gu do-go

Die Tomtoms haben ihre historischen Vorbilder in den mächtigen Fasstrommeln der koreanischen Buk-Trommeln oder der japanischen Daiko-Trommeln. Tomtoms stehen im Schlagzeugaufbau (siehe Drum Set) als Hängetom (klein und mittel) oder Standtom (groß) zur Verfügung und erweitern damit das Klangspektrum der Marschtrommeln um die melodische Komponente. Die Tomtoms werden gewöhnlich mit Sticks, Besen oder Rods gespielt.

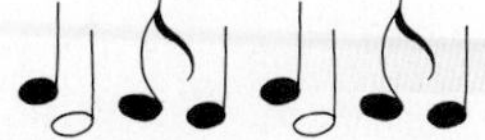

Holzklinger
Aufschlag-, Gegenschlag-, Schüttel- und Reibinstrumente

Afuche, Cabasa

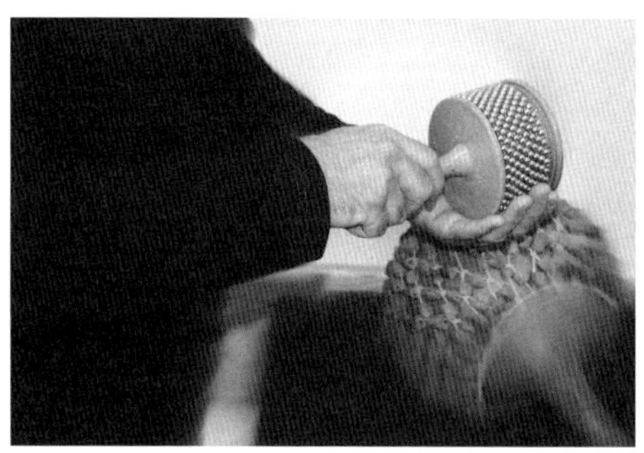

Sound: sche-ke

Der Korpus des Original-Shakers besteht aus einem getrockneten Kürbis, der von einem Netz aus eingeflochtenen Fruchtkernen oder Muscheln umspannt wird. Der industriell gefertigte Samba-Typ setzt sich aus einem Handgriff aus Holz und einem aus Holz gefertigten Korpus, der mit einem Riffelblech überzogen ist, zusammen. Das Blech wiederum wird von eng anliegenden Metallperlenketten umspannt, die exakte, feinperlige und rauschende Klänge ermöglichen. Während die Cabasa, von beiden Händen gehalten, durch eine Schüttelbewegung in Brusthöhe zum Klingen gebracht wird, legt man bei der Afuche die geöffnete und leicht gerundete Handfläche an die Perlenkette an und dreht den Griff mit der anderen Hand mit ruckartigen Bewegungen.

Caxixi

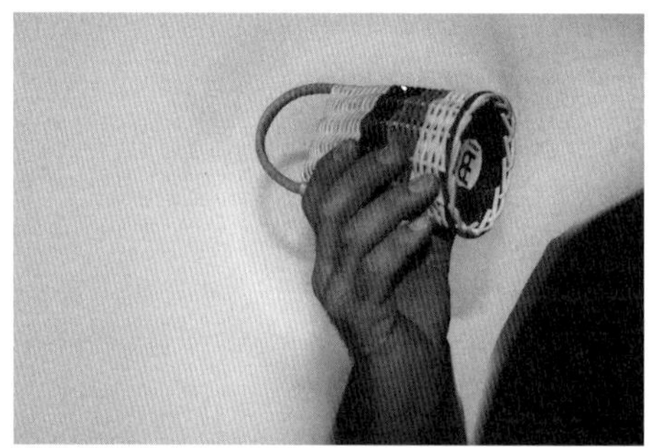

Sound: tschi-ke

Die Caxixi ist eine Rassel, die in der Form eines Kegels aus Bast geflochten und mit Kiesel oder Samen gefüllt ist. Sie ist ein leicht zu bedienendes Einhandinstrument. Wird die Caxixi quer zur Bewegungsrichtung gehalten, entsteht mit der Spielbewegung vor und zurück ein dezent zischender Sound. Wird der Bodendeckel in Schlagrichtung gedreht, entsteht dagegen ein kontrastreicher perkussiver Akzent.

Claves (Klanghölzer)

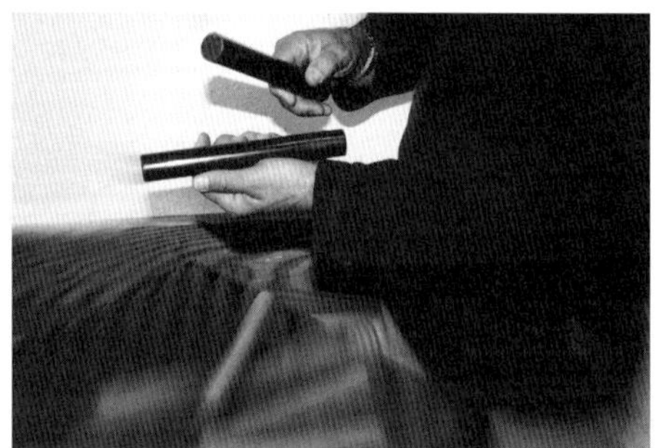

Sound: tik

Die Claves spielen vor allem in der afrokubanischen Folklore eine rhythmische Schlüsselrolle. Während der eine Klangstab in der gewölbten Hand gehalten wird, kann mit dem zweiten der Schlag gegen den in der gewölbten Hand liegenden Klangstab ausgeführt werden. Mit dem Aufschlag der beiden Klanghölzer entsteht ein kurzer prägnanter Klangimpuls.

Guiro

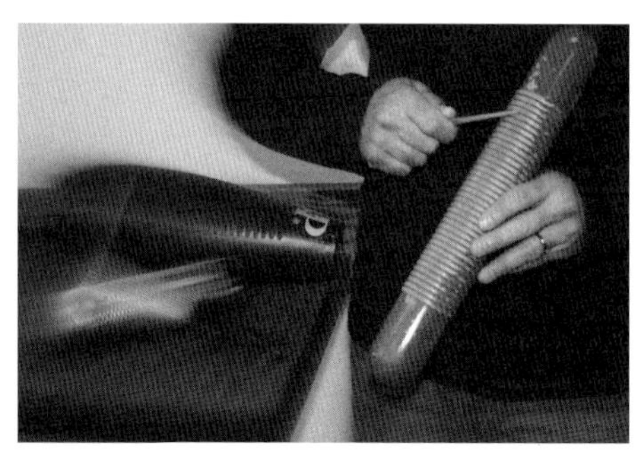

Sound: drr cha-ga

Die Guiro besteht aus einem ausgehöhlten Klangkörper mit geriffelter Oberfläche (Querrillen). Gespielt wird das Ratschinstrument mit einem dünnen, konisch zugeschnittenen Stab, der über die Querrillen gestrichen wird. Die Guiro wird in senkrechter Position gehalten, während die andere Hand die Spielbewegung ausführt (Ab- und Aufwärtsziehen des Stabes). Je nach Tempo, Druck und Länge der Ziehbewegung können unterschiedliche Klangfarben entstehen.

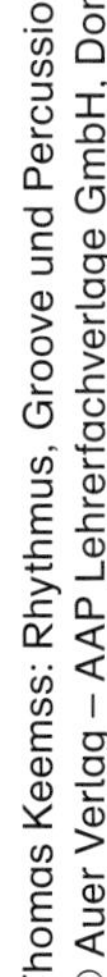

Kastagnetten

Der Urtyp der Kastagnetten stammt aus Asien (zwei zusammengeschlagene Muschelhälften). Ihre größte Bedeutung erlangten die Kastagnetten jedoch im spanischen Flamenco. Eine vereinfachte Variante ist die Stielkastagnette, die allein durch Schütteln oder Schlagen zum Klingen gebracht werden kann. Hier befindet sich zwischen den beiden Kastagnettenschalen eine starre Zunge gegen die die Klappern schlagen.

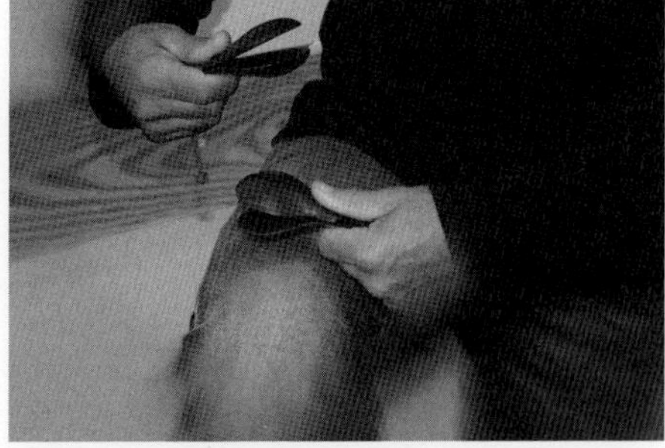

Sound: trak-tak

Maracas

Der Korpus der Maracas bestand ursprünglich aus getrockneten Kürbissen in runder oder ovaler Form, die mit Kernen gefüllt wurden. Maracas werden immer paarweise (hoch/tief) im Wechselspiel der Schlagbewegung vor und zurück gespielt. Durch einen abrupt nach vorne geführten Bewegungsimpuls können dem zischenden Sound klare Akzente verliehen werden.

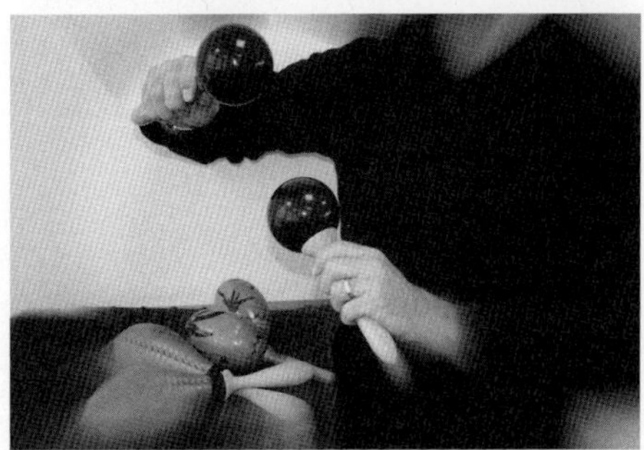

Sound: tsi-gi tsa-ga

Tempelblocks

Tempelblocks werden meist im 5er-Satz auf einem Ständer montiert und gewöhnlich im Stehen gespielt. Sie werden mit weichen Gummi- oder Filzschlägeln oder Trommelstöcken angeschlagen. Ihr melodiös pochender Sound hat den Klangcharakter asiatischer Musik. Als einzelnes Instrument gespielt wird der Holzblock wie die Cowbell auf der vorderen Kante angeschlagen.

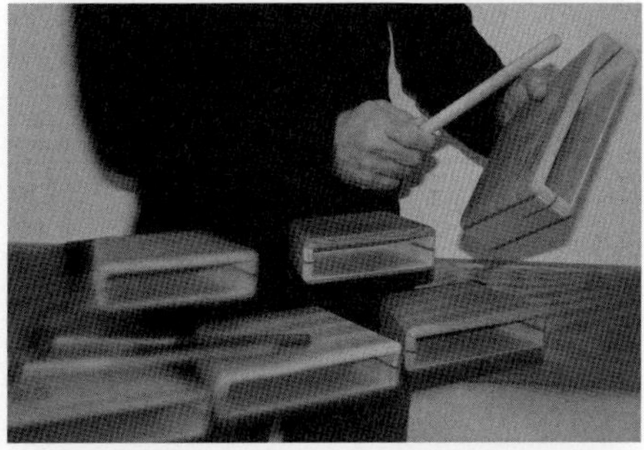

Sound: tok-ko

Tubo/Shaker

Tubos bestehen aus einem Klangkörper aus Holz oder Metall, der mit Körnern, Kernen, Steinen oder Metallkugeln gefüllt ist. Durch eine lockere Schüttelbewegung (vor und zurück) des in Schulterhöhe gehaltenen Instruments entsteht ein prägnant rasselnder Klang.

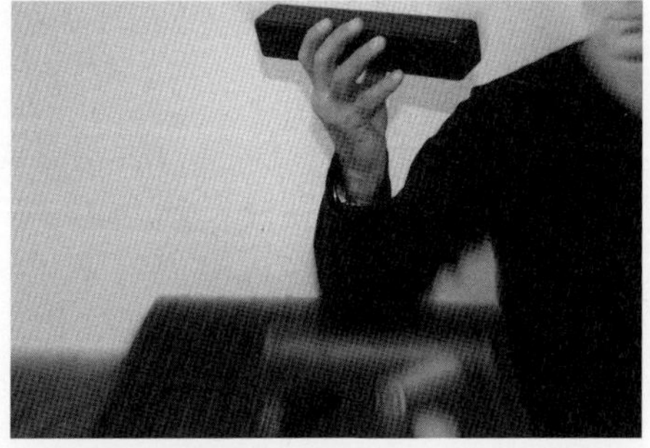

Sound: tsche-ge

Vibraslap

Der hölzern klappernde Effekt der Vibraslap entsteht durch eine Reihe loser Metallstifte, die innerhalb eines kleinen Holzkörpers zum Vibrieren gebracht werden. Hierzu schlägt man mit der freien Hand mit leichtem Schwung auf die am Bügelende angebrachte Holzkugel.

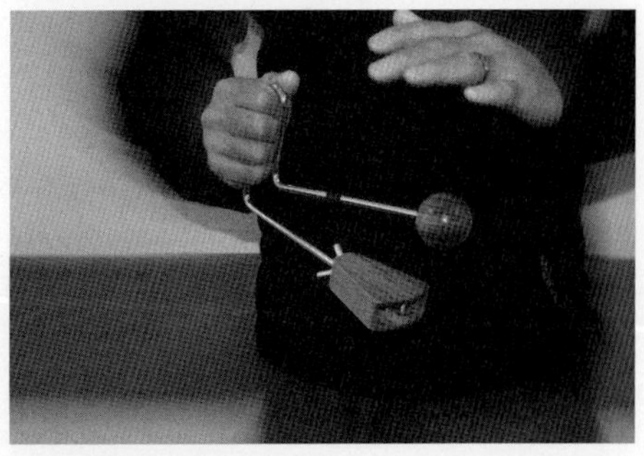

Sound: krrr

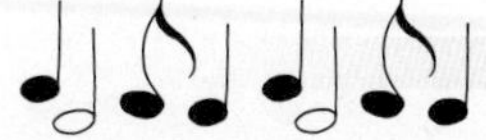

Woodblock

Dieser rechteckige Hartholzblock wird gewöhnlich so gegriffen, dass der eingefräste Schlitz vom Spieler weg zeigt. Der Holzblock wird mit einem kleinen Holzkopfschlägel oder einem Trommelstock angeschlagen, es erklingt ein knackig prägnanter Klangimpuls.

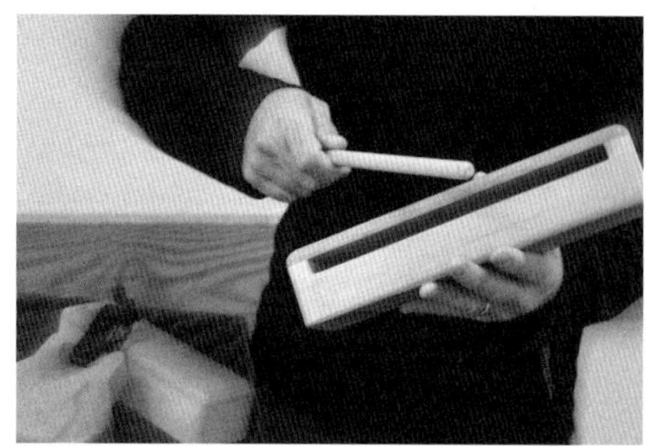

Sound: tak-ka

Metallklinger
Aufschlag-, Gegenschlag-, Schüttel- und Reibinstrumente

Agogo Bells

Die Agogo Bells vertreten mit ihrem charakteristischen Sound die Samba-Musik Brasiliens. Sie werden an dem Verbindungsbügel gehalten, die beiden Glocken werden mit einem dünnen Holz- oder Metallstab durch die Schlaghand angeschlagen. Auf diese Weise lassen sich problemlos Zweitonmelodien mit weithin hörbarer Signalwirkung erzeugen.

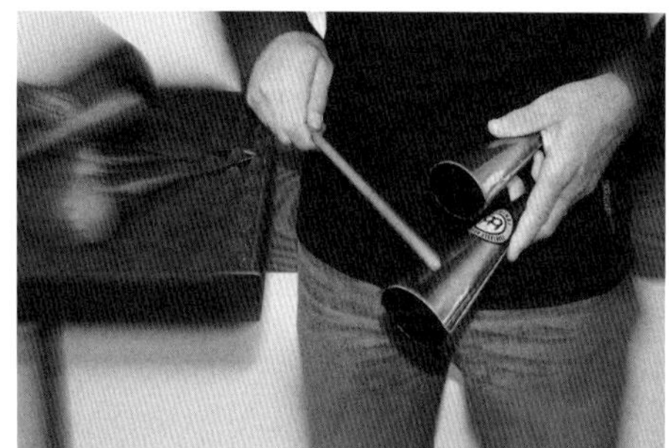

Sound: di-gin du-gun

Cowbell

Die Cowbell besticht durch ihren prägnanten Klang, der je nach Größe des Instruments zwischen knackig hell und pochend dumpf variieren kann. Die Cowbell wird mit der Öffnung nach vorne in die Handfläche gelegt und mit einem dicken Holzstock auf der Vorderkante oder im mittleren Bereich des Korpus durch die Schlaghand gespielt.

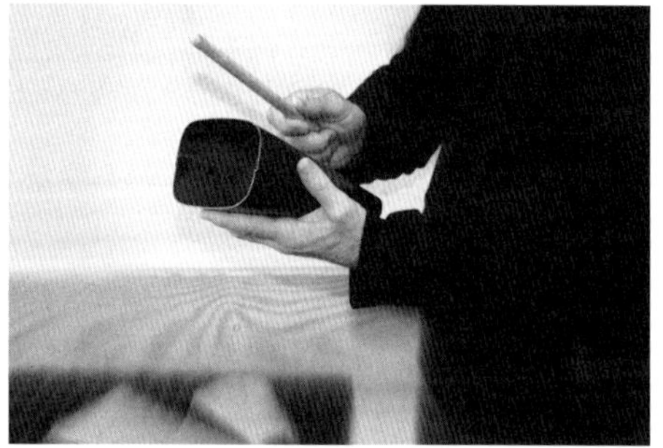

Sound: ta-ka to-ko

Becken (hängend)

Die tellerförmigen Metallscheiben werden im Regelfall waagerecht auf einem Ständer montiert. Sie lassen sich mit Stöcken, Filzschlägeln, Besen und Metallstäben spielen. Am Rand angeschlagen erzeugen sie einen farbenreichen und lang ausschwingenden Klang, während in Richtung Beckenkuppe ihr Sound an Prägnanz zunimmt.

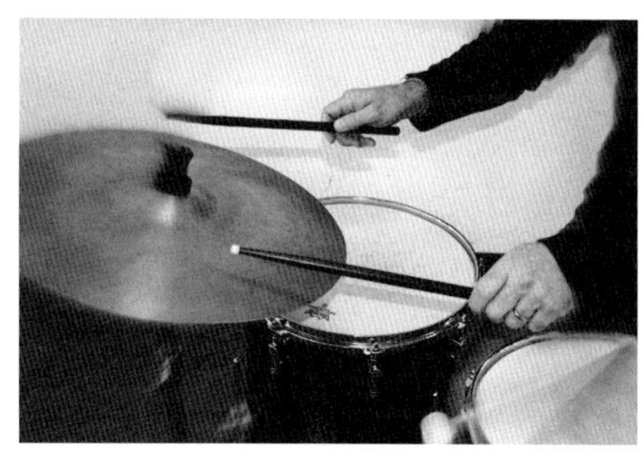

Sound: din-dig

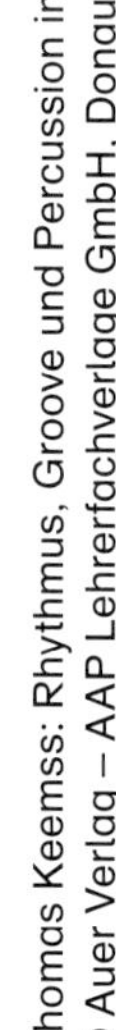

Beckenpaar

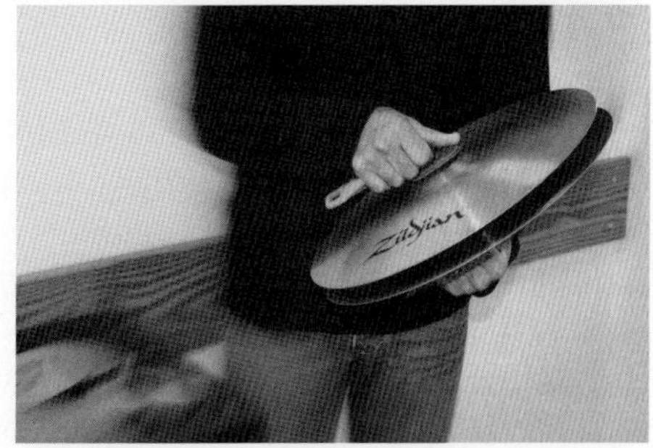

Zur Klangerzeugung werden die beiden Becken fest an den Lederschlaufen gefasst und gegeneinander geschlagen. Der lang ausschwingende Sound kann verkürzt werden, indem die Becken an den Oberkörper gehalten werden. Die Becken unterstreichen vor allem im Verbund mit der großen Trommel ihren explosiv, metallischen Klang.

Sound: tsching

Fingerbecken

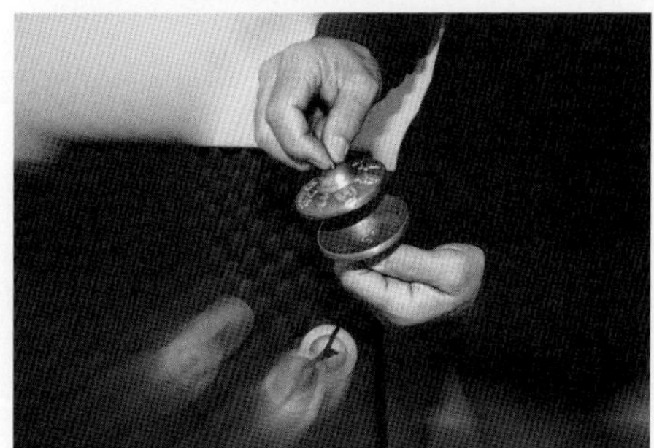

Diese kleinen, tellerförmigen Becken werden mit den flexiblen Schlaufen an Daumen und Mittelfinger angelegt und durch eine kurze Gegenschlagbewegung der Finger zum Klingen gebracht. Ihr silbrig-heller Klang kann durch langsames Zusammenführen der Becken gestoppt werden.

Sound: ting

Gong, Tamtam

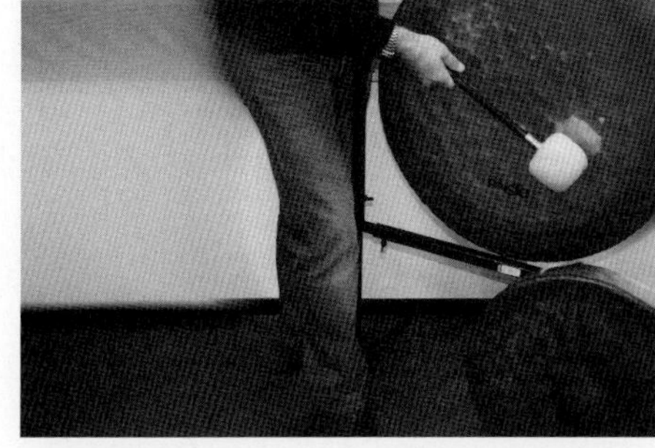

Damit die Gongs optimal ausschwingen können, werden sie meist senkrecht, am Rand frei schwingend aufgehängt. Gongs werden mit einem weichen Gongschlägel auf der Kuppe angeschlagen, woraufhin sie einen nahezu majestätischen Klang mit einem klaren und festlegbaren Ton entfalten.
Der Universalgong (Tamtam) entwickelt im Vergleich dazu – bedingt durch seine Form – nach dem Anschlag ein dumpf grollendes Klangspektrum ohne ein tonales Zentrum.

Sound: gon

Schellenband

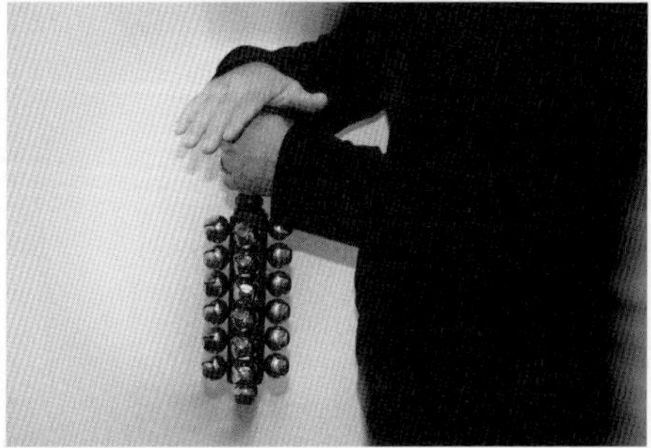

Schellenbänder werden über das Handgelenk gestreift, am Fuß befestigt oder von einer Hand gehalten. Die Schellen werden durch eine kurze, impulsive Schüttelbewegung zum Schwingen gebracht.

Sound: tring

Schellenring, Schellenstab

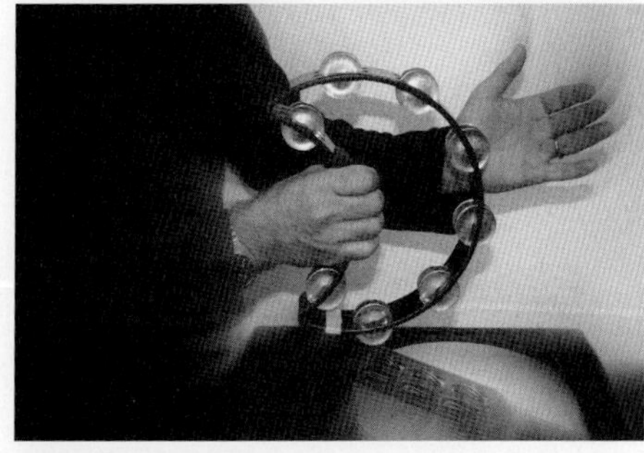

Sowohl der Schellenring als auch der Schellenstab werden durch eine seitlich geführte Schüttelbewegung aus dem Unterarm heraus zum Klingen gebracht. Durch ein leichtes Anschlagen gegen die freie Hand lassen sich deutliche Akzente setzen. Um präzise Trommelrhythmen auszuführen, kann auch mit Trommelstöcken auf dem Rahmen des Instruments gespielt werden.

Sound: tschi-gi

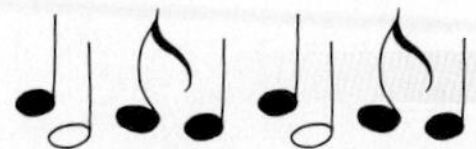

Triangel

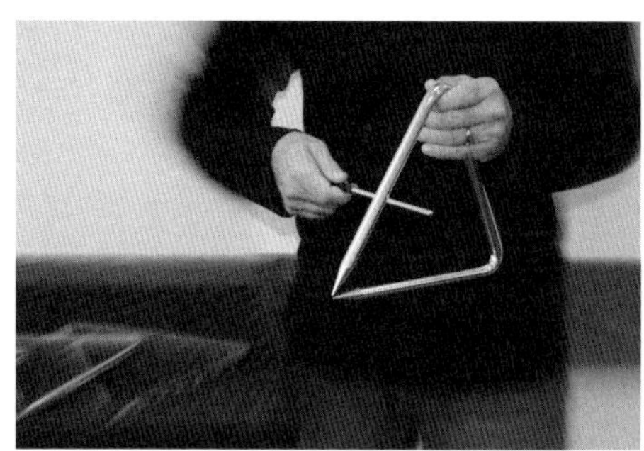

Sound: ti-ki

Die Triangel wird über den ausgestreckten Zeigefinger gehängt und mit einem kräftigen Metallstab durch die Schlaghand von außen gegen den Klangschenkel angeschlagen. Es erklingt ein brillanter Ton. Der Ton kann gedämpft werden, indem die haltende Hand einen Schenkel der Triangel fest umschließt. Schnelle Begleitfiguren können durch eine Pendelbewegung durch die Schlaghand im Inneren der Klangschenkel ausgeführt werden.

Tuned Percussion

Boomwhackers

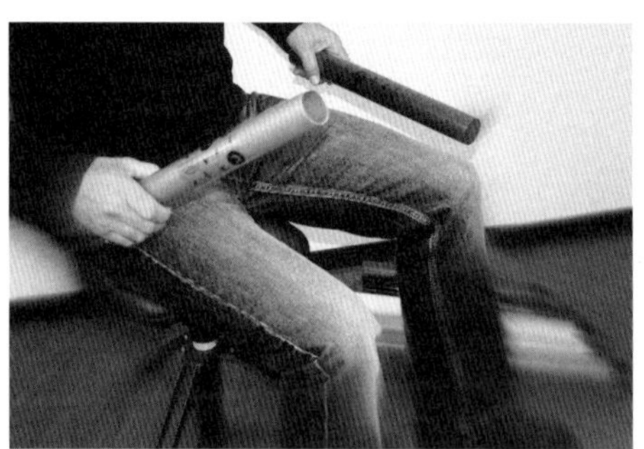

Sound: dup-bup

Boomwhackers teilen sich mit den Einzelklangstäben der Orff-Instrumente das leichte Handling sowie die voraussetzungslose Art der Klangerzeugung. Das Neue an diesen schrill bunten Plastikrohren ist der trocken ploppende Sound.
Die Röhren werden, ähnlich eines übergroßen Trommelstocks, mit festem Griff am hinteren Ende gehalten und mit einem wohldosierten Schlagimpuls (engl. „to whack" = schlagen, hauen) in die freie Hand oder gegen den Oberschenkel zum Dröhnen (engl. „boom") gebracht.

Übungsblatt: Percussion-Rally
Übungsblatt: Vocal Sound-Lexikon
Übungsblatt: Let's speak rhythm

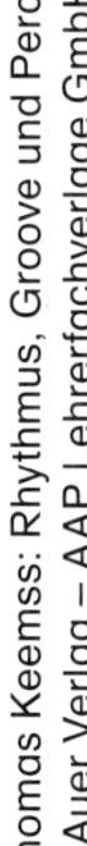

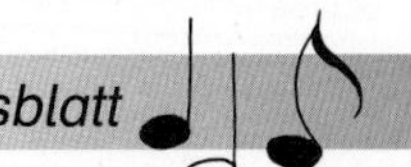

Percussion-Rally

1. Versuche, die folgenden Instrumentennamen der jeweils passenden Abbildung (auf den nächsten beiden Seiten) zuzuordnen. Schreibe den Namen des Instruments unter die Abbildung.

Afuche/Cabasa • Agogo Bells • Bass Drum • Becken • Beckenpaar • Bongos • Boomwhackers
Cajón • Caxixi • Claves • Conga • Cowbell • Djembe/Darabukka • Drum Set • Dununba • Fingerbecken
Frame Drum • Gong/Tamtam • Guica • Guiro • Maracas • Kastagnetten • Sabar • Tubo/Shaker
Schellenband • Schellenring • Pandeiro • Snare Drum • Surdo • Tamburin • Tempelblocks
Timbales • Tomtoms • Triangel • Vibraslap • Woodblock

2. Zu welcher Materialgruppe gehören die auf den nächsten beiden Seiten abgebildeten Instrumente jeweils? Schreibe das entsprechende Kürzel der Materialgruppe unter die Abbildung.

Materialgruppen:
Fellklinger Hand-Percussion = *FHP*
Fellklinger Stick-Percussion = *FSP*
Holzklinger = *H*
Metallklinger = *M*
Tuned Percussion = *T*

3. Wie bekommt man die auf den nächsten beiden Seiten abgebildeten Instrumente zum Klingen? Ordne den Instrumenten die jeweils passende Art der Klangerzeugung zu und markiere dann die zu den Abbildungen notierten Instrumentennamen in der jeweils angegebenen Farbe.

Art der Klangerzeugung:
Beat mit zwei Händen = *rot*
Beat mit einer Hand = *gelb*
Shake (schütteln) = *grün*
Scrap (schrappen) = *blau*

Tipp

Die Aufgaben lassen sich auch in Form eines Wettbewerbs lösen. Beginnt auf ein gemeinsames Startsignal hin und stoppt die Zeit, die ihr benötigt, um die Aufgaben zu lösen. Der Schnellste hat gewonnen.

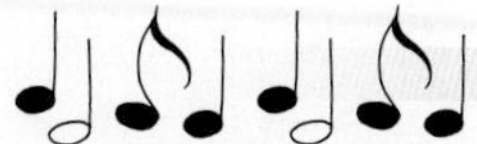

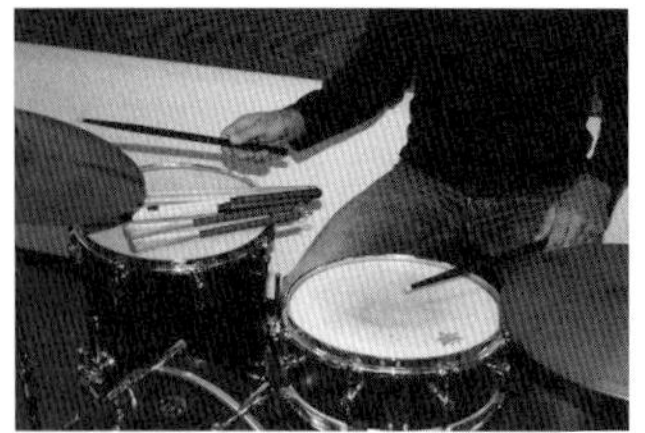
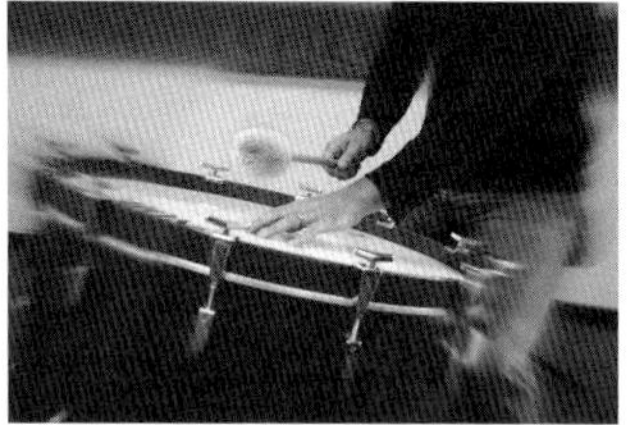
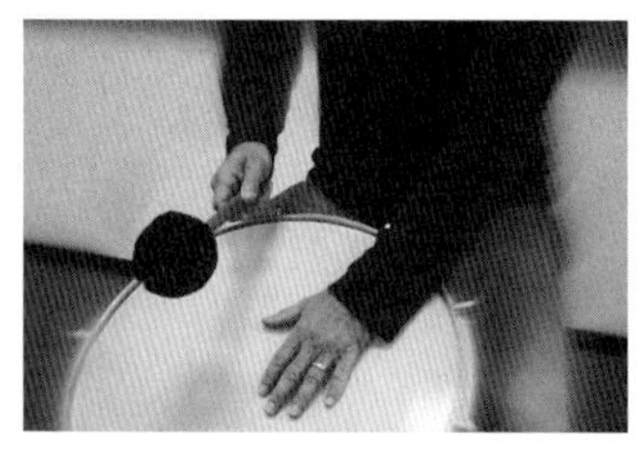
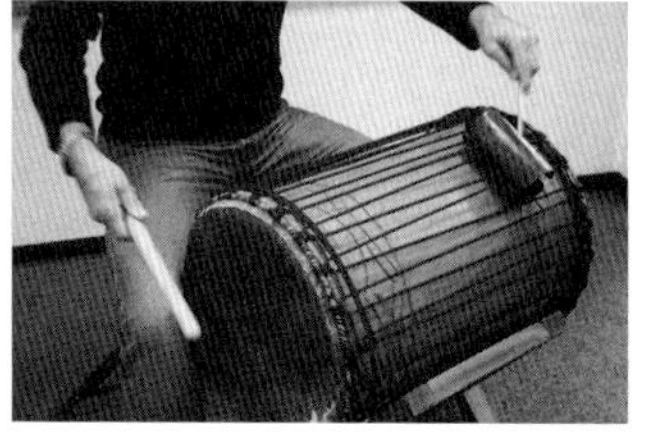

1. ______________________

2. ______________________

3. ______________________

4. ______________________

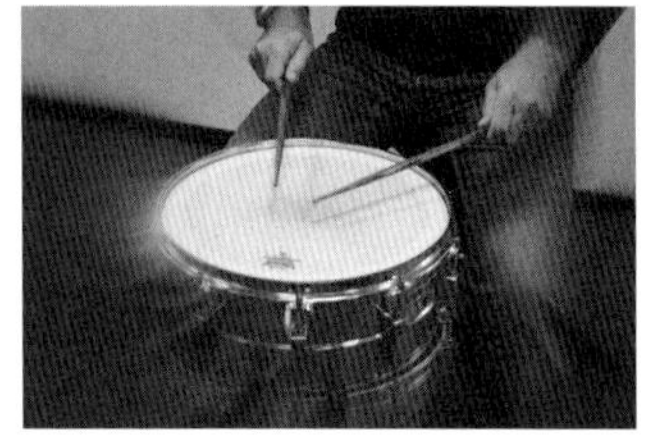
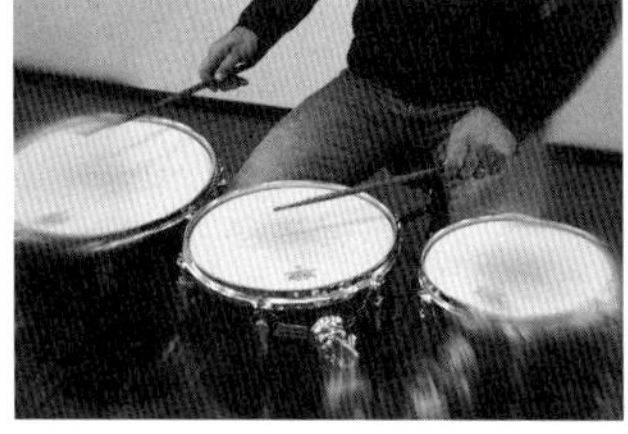
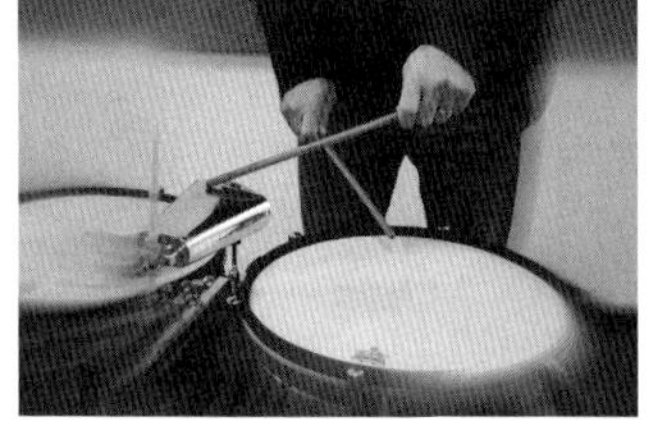
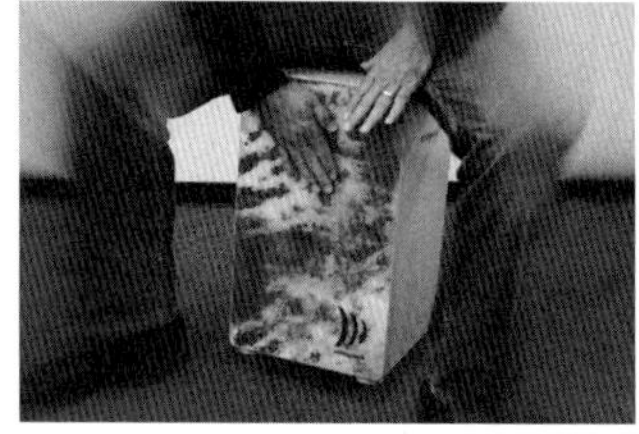

5. ______________________

6. ______________________

7. ______________________

8. ______________________

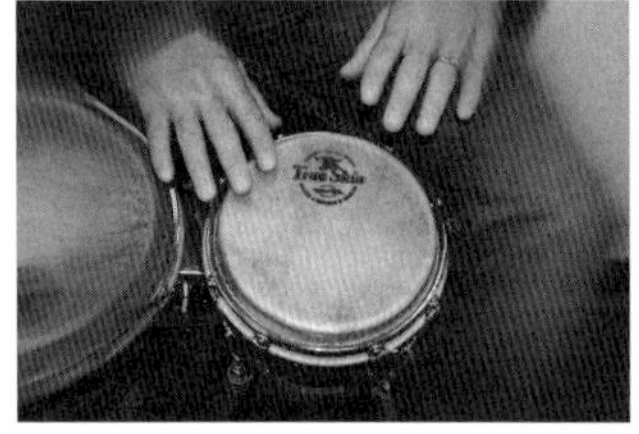
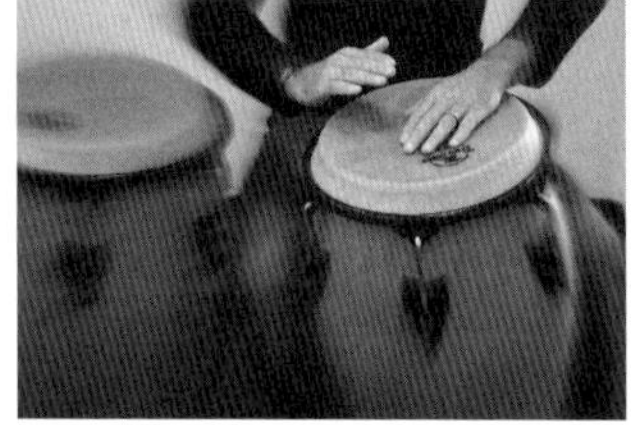
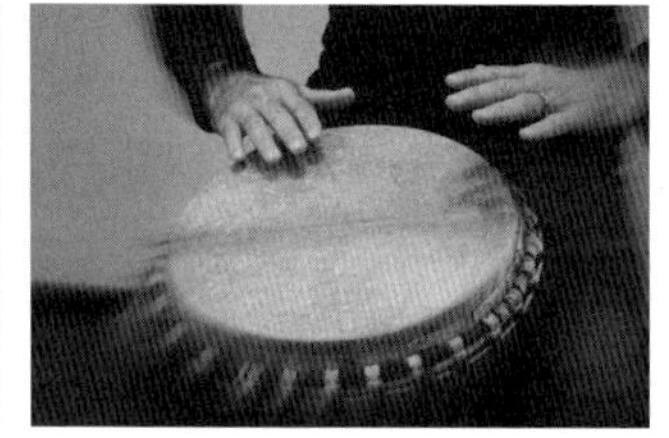
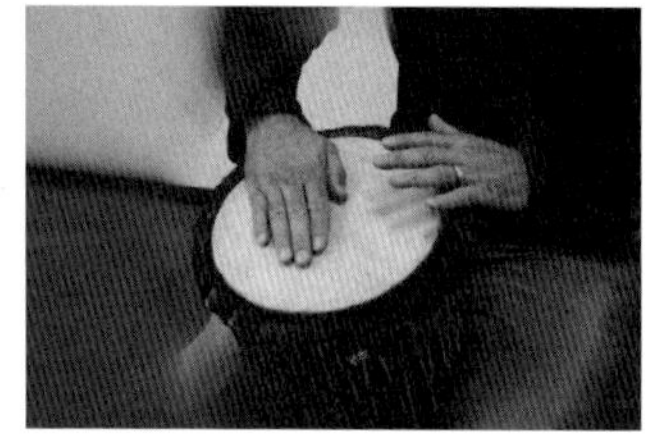

9. ______________________

10. ______________________

11. ______________________

12. ______________________

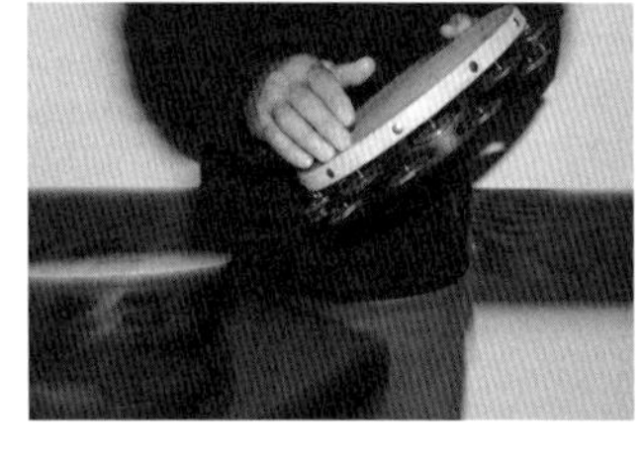
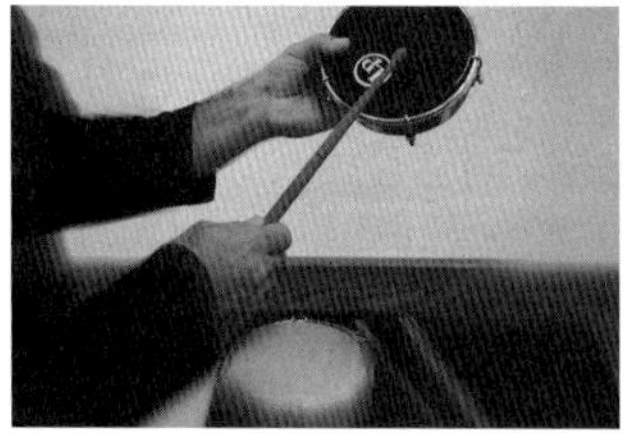
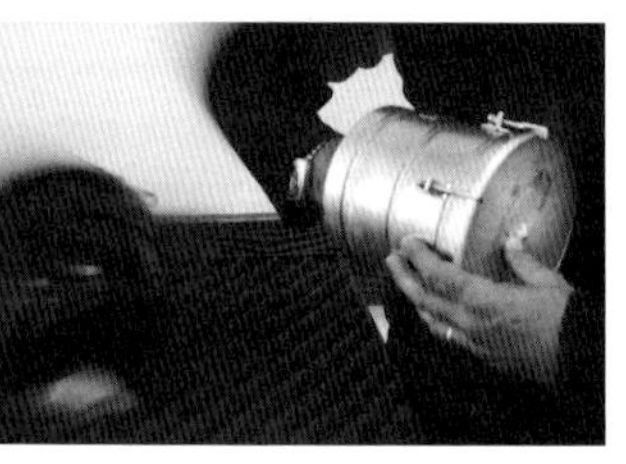
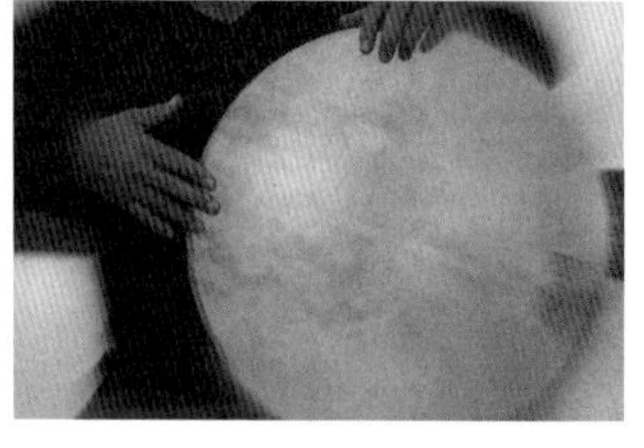

13. ______________________

14. ______________________

15. ______________________

16. ______________________

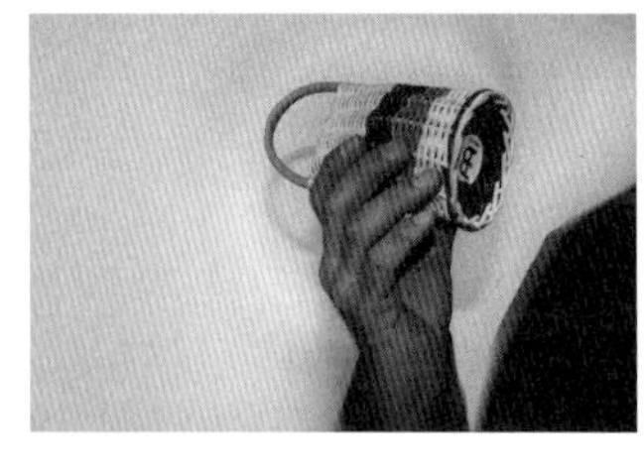
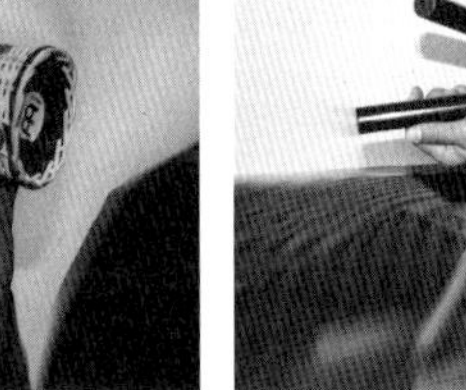
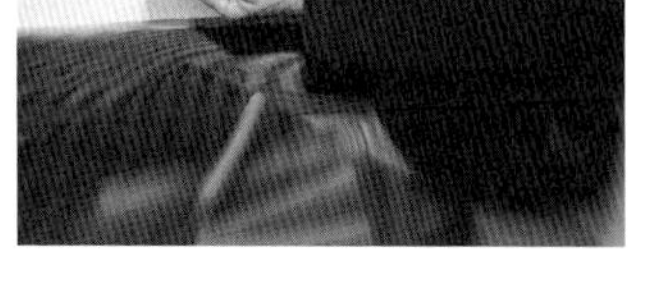
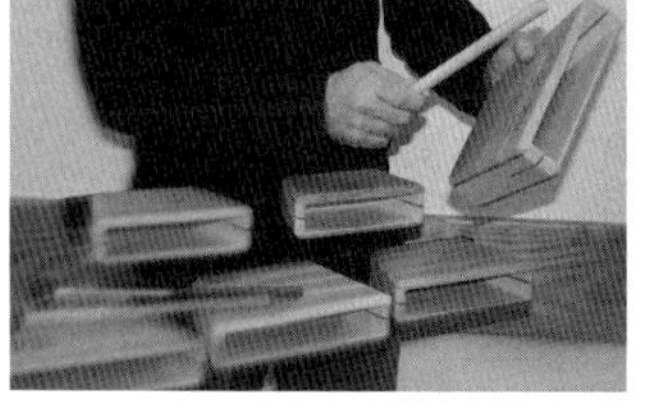
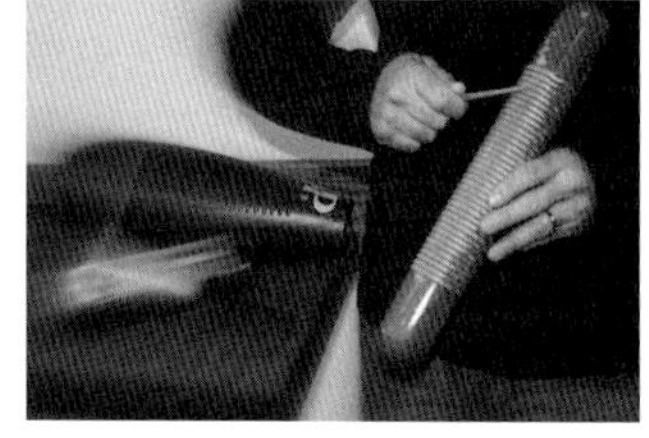

17. ______________________

18. ______________________

19. ______________________

20. ______________________

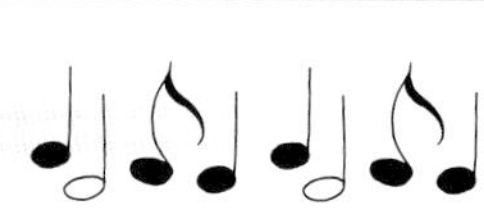

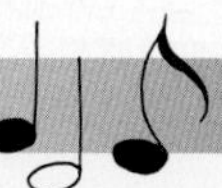

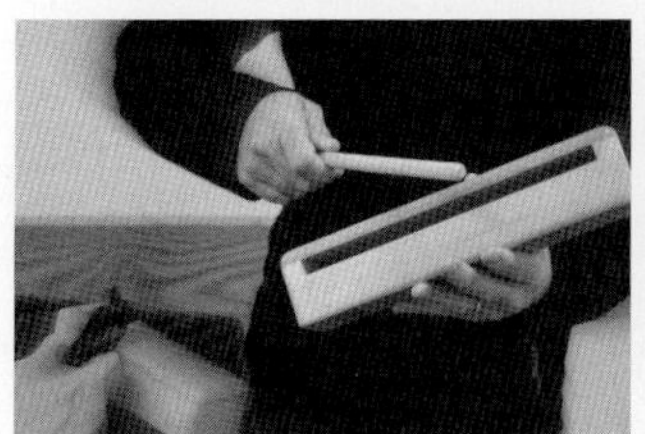

21. ____________________

____

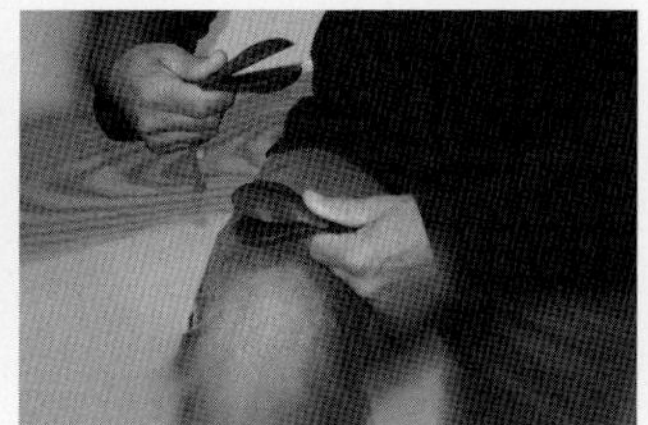

22. ____________________

____

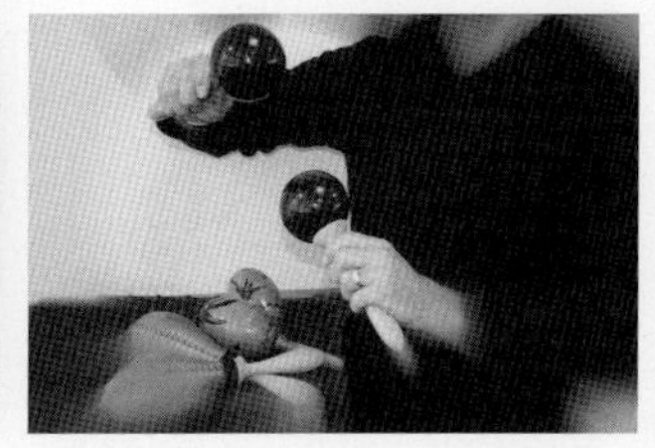

23. ____________________

____

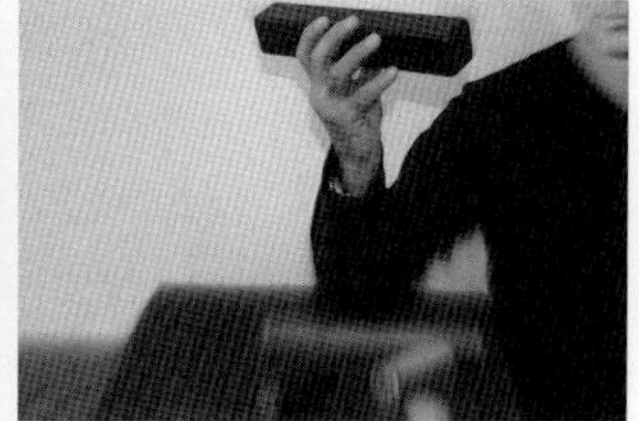

24. ____________________

____

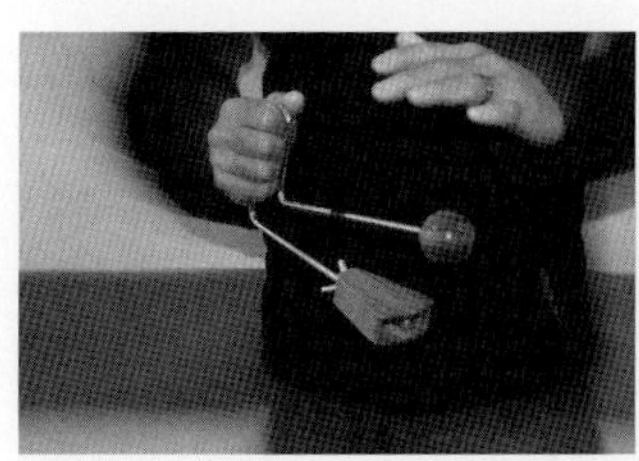

25. ____________________

____

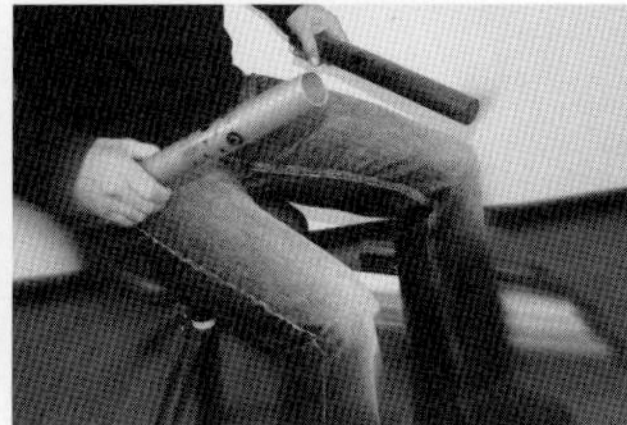

26. ____________________

____

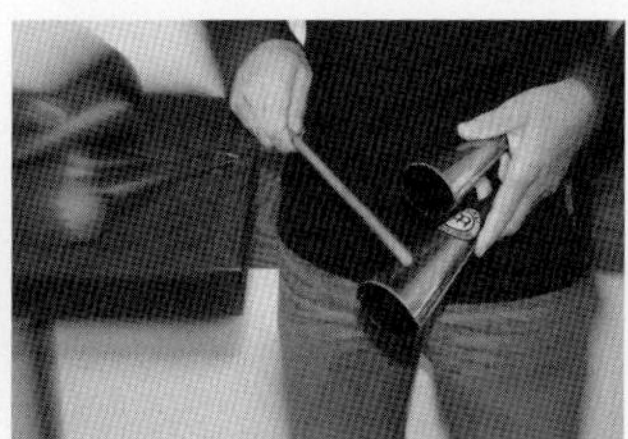

27. ____________________

____

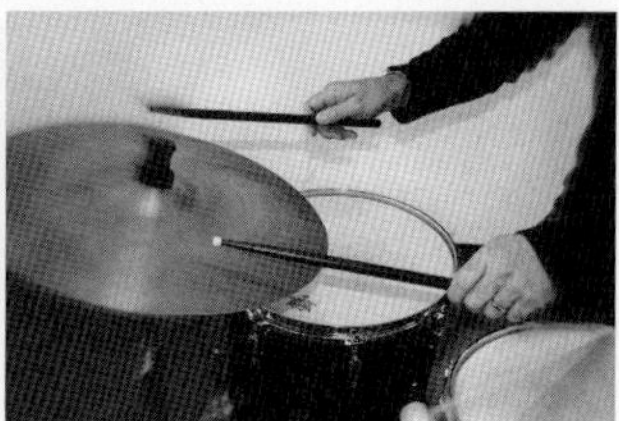

28. ____________________

____

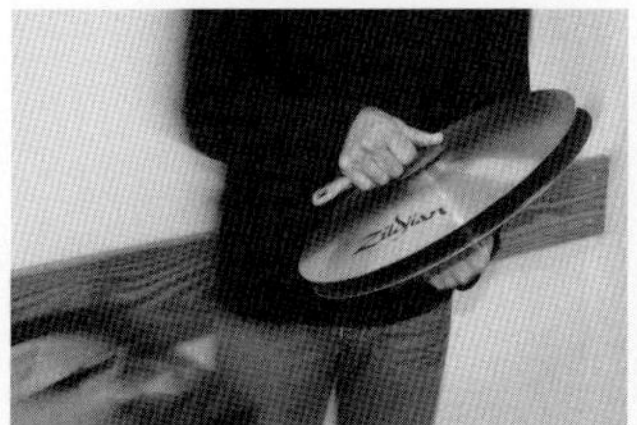

29. ____________________

____

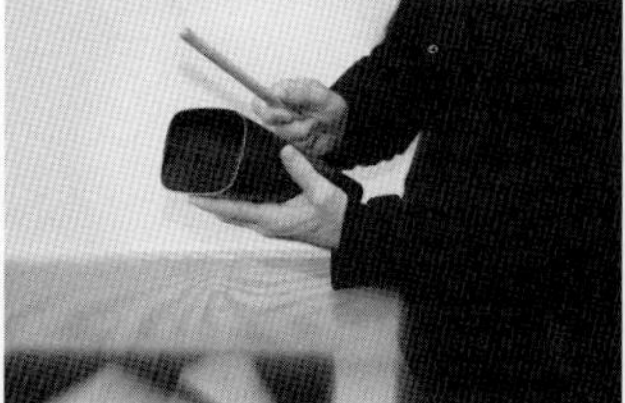

30. ____________________

____

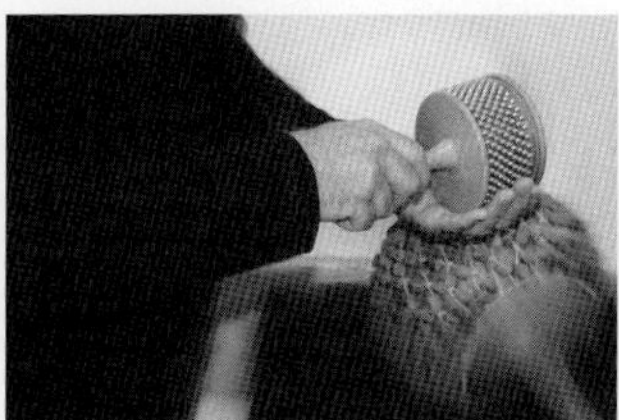

31. ____________________

____

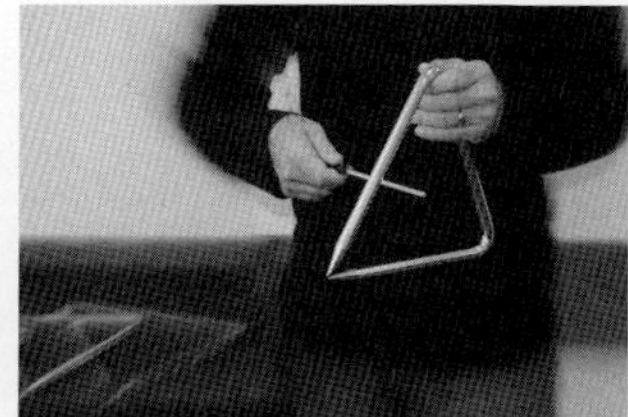

32. ____________________

____

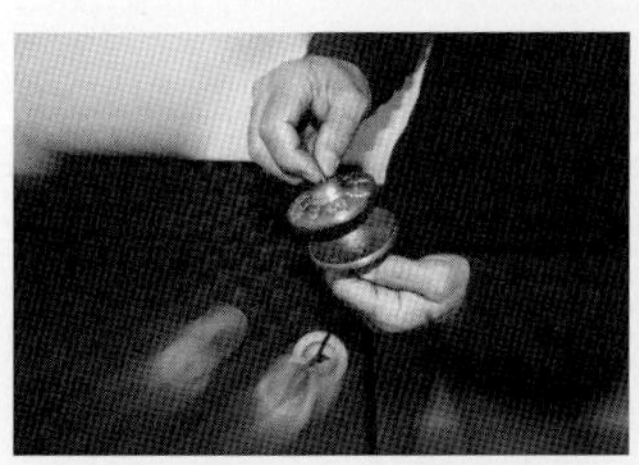

33. ____________________

____

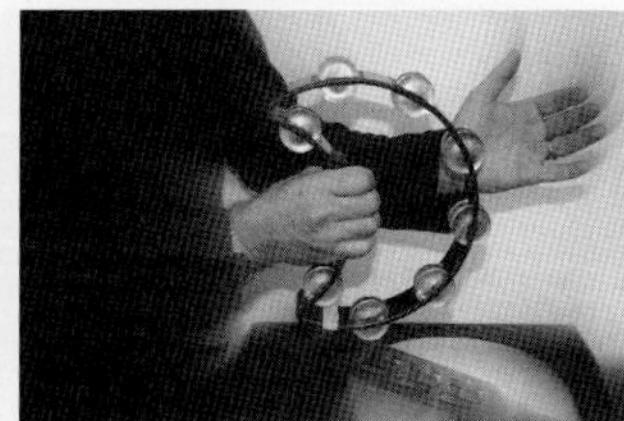

34. ____________________

____

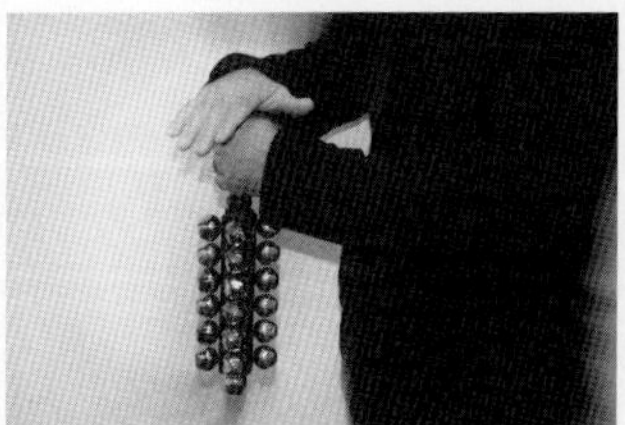

35. ____________________

____

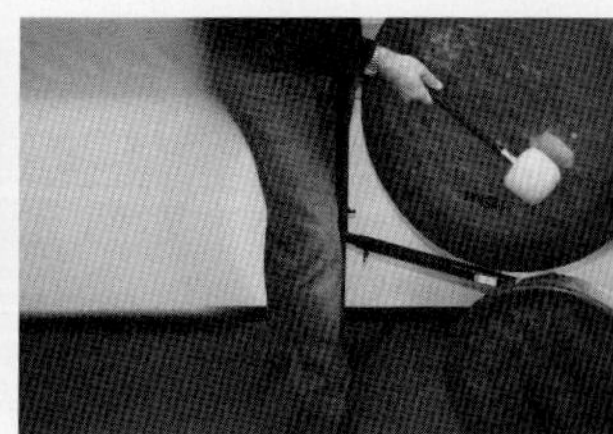

36. ____________________

____

Vocal Sound-Lexikon

Fellklinger → Hand-Percussion

Bongos	de-ge	do-go
Cajón	bumm	tschak
Conga	da-ba	du-bu
Djembe/Darabukka	ta-ka	bu-gu
Frame Drum	de-ge	dum
Guica	gi-gu	gui
Sabar	te-ke	pa-ta
Pandeiro	tschi-ki	tschak

Fellklinger → Stick-Percussion

Bass Drum	bum		
Dununba	bum	tik	
Drum Set	BD: bum	SD: tschak	HH: tz tzsch
Repinique	ta-ka		
Snare Drum	tscha-ke		
Surdo	du-dum	dup	
Tamburin	te-ke	tuk	
Timbales	din-ge	don-ge	
Tomtoms	du-gu	do-go	

Holzklinger

Afuche/Cabasa	sche-ke	
Caxixi	tschi-ke	
Claves	tik	
Guiro	drr	cha-ga
Kastagnetten	trak-tak	
Maracas	tsi-gi	tsa-ga
Tempelblocks	tok-ko	
Tubo/Shaker	tsche-ge	
Vibraslap	krr	
Woodblock	tak-ka	

Metallklinger

Agogo Bells	di-gin	du-gun
Cowbell	ta-ka	to-ko
Becken (hängend)	din-dig	
Beckenpaar	tsching	
Fingerbecken	ting	
Gong, Tamtam	gon	
Schellenband	tring	
Schellenring, Schellenstab	tschi-gi	
Triangel	ti-ki	

Tuned-Percussion

Boomwhackers	dup-bup	

Let's speak rhythm

Grundübung

- Wählt ein beliebiges Groove-Pattern (siehe z. B. Groove-Spicker, Seite 72 f.) sowie ein beliebiges Instrument aus und lautiert das Pattern im Sound dieses Instruments (siehe hierzu auch Vocal Sound-Lexikon, Seite 64). Wiederholt das Pattern 8-mal (4-mal).
- Wählt nun ein anderes Instrument aus und lautiert das bereits bekannte Groove-Pattern im Sound dieses Instruments usw.

Versucht, auf diese Weise möglichst viele Percussion-Sounds zu erarbeiten und mit den klangvollen Silbenkombinationen vertraut zu werden.

Tipp

- Bittet euren Lehrer, dass er euch das von euch jeweils ausgewählte Instrument mit seinem Original-Sound vorstellt und versucht dann noch einmal, den Klang des Instruments mit Lautsilben nachzuahmen. Experimentiert dabei mit der Tonhöhe und Tonlänge bis der Vocal-Sound mit dem Klang des Instruments übereinstimmt.

Variation

- Jeder von euch wählt ein beliebiges Groove-Pattern sowie ein beliebiges Instrument aus. Auf das Startsignal des Lehrers beginnt jeder von euch, sein ausgewähltes Groove-Pattern zu lautieren. Durch das Zusammentreffen der verschiedenen Grooves mit den unterschiedlichen Sounds der Vocussion entsteht ein bunter Rhythmusmix.
- Um das Ganze noch etwas schwieriger zu gestalten, könnt ihr die Vocussion-Patterns zusätzlich durch den Grundschlag mit dem Fuß, im Wechselschritt oder mit einer Schrittkombination begleiten. Dies hilft gleichzeitig, die rhythmische Stabilität zu erhöhen.
- Als letzte Steigerung könnt ihr nun versuchen, eure Groove-Patterns so auszuführen, dass die Bewegungen eurer Hände und Füße von dem Vocal-Sound eurer Stimme begleitet werden. Achtet darauf, dass die Impulse von Stimme und Motorik exakt zusammentreffen (= Synchronisation). Dies erfordert zwar viel Konzentration, auf diese Weise verbessert sich jedoch die gesamte Koordination sowie das Rhythmusgefühl.

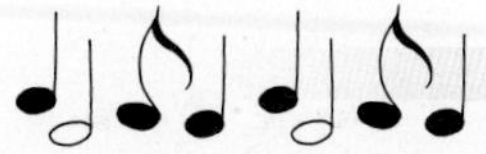

Hintergrundwissen

Groove-Spiel mit Body Percussion und Klangsilben (Vocussion)

Groove-Spicker

Nachdem wir die rhythmischen Bausteine Impuls, Motiv und Takt kennen und anzuwenden gelernt haben, nachdem wir nun also mit Tools, Skills und dem nötigen Know-how versorgt sind, wollen wir im Folgenden versuchen, das Phänomen Groove mit praktischen Übungen zu erschließen.
Wohl wissend,

- dass Rhythmus die Zuteilung von Beat und Unterteilung benötigt,
- dass Rhythmus seinen Drive durch Tempo und Motive erhält
- und dass Rhythmus seine Form über Metrum und Takt bezieht,

ergibt sich aus dem Zusammenspiel all dieser Komponenten das musikalische Feeling des Grooves. So betrachtet verleiht der Groove dem Rhythmus eine persönliche Note bzw. ist Groove beseelter Rhythmus.

Wurde der Rhythmus bisher als zeitgliederndes Phänomen auf nur einer Linie des Notensystems dargestellt, so soll der Rhythmus nun durch Töne belebt werden. Hierzu wird zunächst lediglich ein zweiter Ton eingeführt. Damit wird der Rhythmus durch die Tonhöhen hoch und tief bereichert.
Auf diese Weise lassen sich simple Zweitonmelodien erzeugen, die nicht gerade den Verdacht auf Abwechslung – nach Auffassung der europäischen Melorhythmik – wecken. Durch die Hervorhebung der rhythmischen Komponente und ihrer Ausführung über Vocal-, Body- oder Instrumental-Percussion entsteht jedoch eine rhythmische Dominanz. Und diese eignet sich bestens, die Schlichtheit der melodischen Anteile reizvoll zu ersetzen.
In der Aktion des rhythmischen Zusammenspiels, im Zusammenwirken von Trommel-Sounds und Bewegung wird Rhythmus zum eindrucksvollen Erlebnis für Auge, Ohr und Sinne, was sich mit dem Begriff Groove bestens beschreiben lässt.

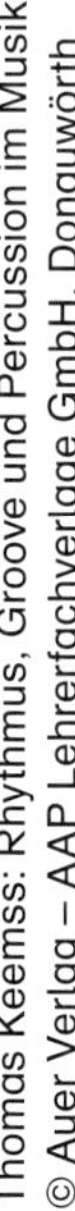

1. Mit zwei Sounds auf dem Weg zum Groove

Zeit	ca. 5–10 Minuten pro Übung
Material	Body Percussion (klatschen, patschen, tappen, stampfen, gehen) oder Vocal Percussion mit Klangsilben
Lernebene	gerichtete Aufmerksamkeit, Motorik und Bewegungskoordination, Synchronisation, rhythmische Stabilität
Sozialform	ganze Klasse gemeinsam (unisono) im Sitzen, im Stehen am Platz oder im Gehen mit Lehrer als Vorspieler/Anleiter, Klasse in einzelne Gruppen geteilt
Schwierigkeitsgrad	leicht

Grundübung 1

(Lehrer als Vorspieler und Anleiter)
Die folgenden Imitationsspiele (Imitation 1-taktig, Imitation 2-taktig) dienen dem Lehrer als Vorspielvorlage. Die Schüler benötigen für diesen ersten Übungsteil noch keine Noten.

- Die Schüler nehmen eine bequeme Standposition mit Blickrichtung zum Lehrer ein.
- Der Lehrer zählt einen 4/4-Takt im mittleren Gehtempo (112 bpm) ein. Anschließend spielt er den 1. Takt vor. Die tiefgestellten Noten werden mit dem rechten Fuß gestampft, die hochgestellten Noten werden geklatscht. Die Schüler wiederholen diesen Takt gemeinsam (im Tutti) im direkten Anschluss usw.

Imitation 1-taktig

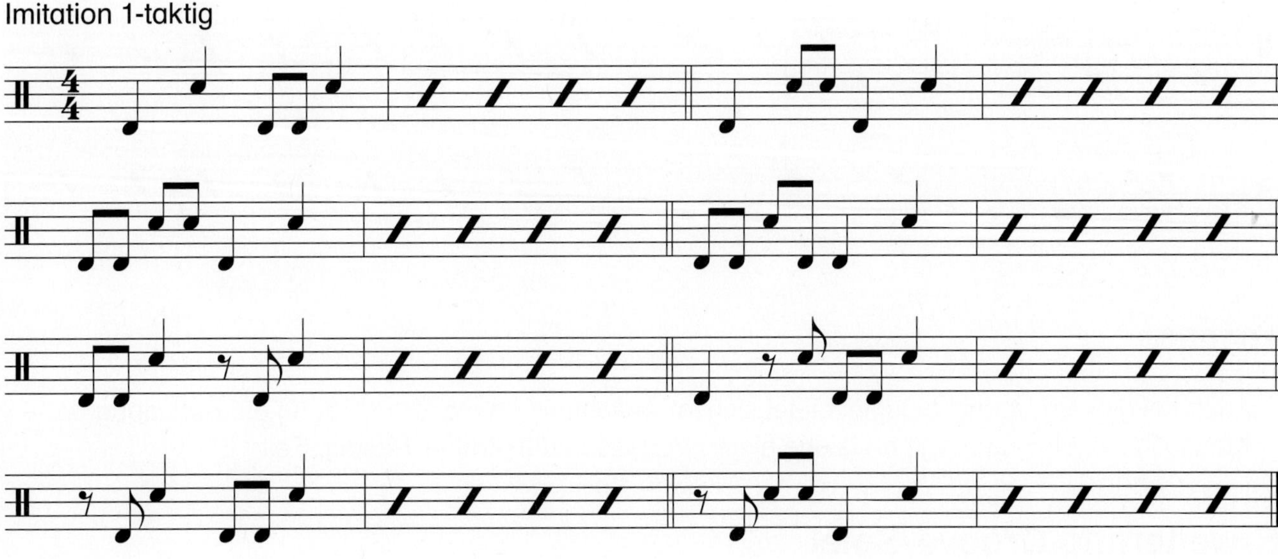

Variation

- Der Lehrer teilt die Klasse in vier Gruppen ein. Anschließend spielt er der 1. Gruppe den 1. Takt der 1. Zeile vor. Die Gruppe wiederholt den Takt und setzt das Spiel in fortlaufender Wiederholung des Takts fort. Dann spielt der Lehrer der 2. Gruppe den 1. Takt der 2. Zeile vor. Die Gruppe wiederholt

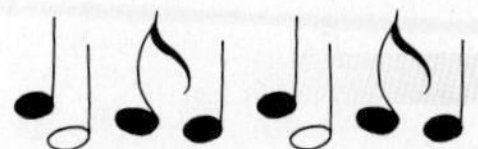

den Takt und setzt das Spiel in fortlaufender Wiederholung des Takts fort. Auch die 3. Gruppe (1. Takt der 3. Zeile) und 4. Gruppe (1. Takt der 4. Zeile) steigen nacheinander nach demselben Prinzip in das Spiel ein, bis alle vier Rhythmen übereinander erklingen.

Tipp

- Durch Erfinden eigener Rhythmen lässt sich der Spielvorschlag auf kreative Weise nahezu grenzenlos erweitern.

Grundübung 2

Auch das folgende Übungsbeispiel sollte im ersten Anlauf wieder als Imitationsspiel (Lehrer/Tutti) gestaltet werden.

- Die Schüler nehmen eine bequeme Standposition mit Blickrichtung zum Lehrer ein.
- Der Lehrer zählt einen 4/4-Takt im flotten Grundschlagtempo mit 160 bpm ein. Anschließend spielt er die ersten beiden Takte vor. Die tiefgestellten Noten werden mit dem rechten Fuß gestampft, die hochgestellten Noten werden geklatscht. Die Schüler wiederholen diese beiden Takte gemeinsam (im Tutti) im direkten Anschluss usw.

Imitation 2-taktig

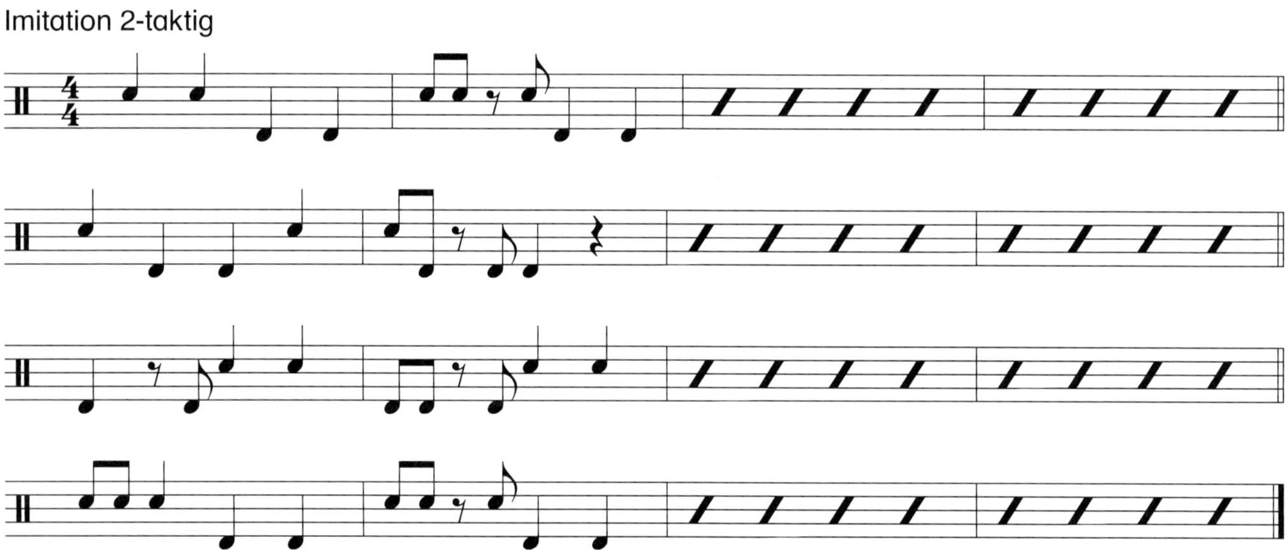

Variation

- Auch bei diesem Übungsbeispiel bietet sich im Anschluss an die Grundübung die Aufteilung der Klasse in einzelne Gruppen an (siehe hierzu Variation zu Imitation 1-taktig, Seite 67 f.).

Erweiterung Groove-Spiel

Nach diesen beiden Übungen dürften die Basics von Bass und Clap sitzen und somit die Grundlagen für das weitere Groove-Spiel gelegt sein. Die einfache Sound-Kombination von zwei Tönen ist der Schlüssel der melodischen Linie von Rhythmus und Groove und kann im Zusammenspiel mit anderen Instrumenten klangvoll für Orientierung, Zusammenhalt und Stabilität sorgen.
Um das Groove-Spiel mit Body Percussion, Vocal-Sound der Percussion und Instrumenten möglichst vielseitig kennenzulernen, sollten die folgenden Ausführungsvarianten unbedingt ausprobiert werden.

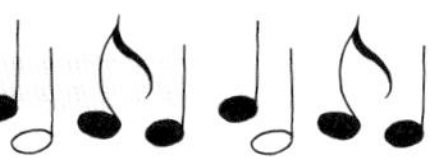

Body Percussion im Sitzen

- Die tiefgestellten Noten werden mit dem rechten Fuß gestampft, die hochgestellten Noten werden mit den Händen auf den Oberschenkeln gepatscht.
- Die tiefgestellten Noten werden mit der rechten Hand am Oberkörper angeschlagen, die hochgestellten Noten werden mit der linken Hand auf den Oberschenkel gepatscht.

Vocussion

- Die tiefgestellten Noten werden mit der Klangsilbe „bum“, die hochgestellten Noten mit der Klangsilbe „tscha“ als Percussion-Sound lautiert.
- Im Anschluss können auch andere Klangsilben als Percussion-Sounds (siehe Vocal Sound-Lexikon, Seite 64) verwendet werden.
- Mögliche Erweiterung für Fortgeschrittene (zusätzlich zum Lautieren der Klangsilben): Grundschlag als Tap mit dem rechten Fuß, als Wechselschritt (rechts – links) oder als Tap-Kombination
- Mögliche Erweiterung für Profis (zusätzlich zum Lautieren der Klangsilben): Die tiefgestellten Noten werden mit dem rechten Fuß gestampft, die hochgestellten Noten werden mit den Händen geklatscht.

Stomp-Percussion

Benötigtes Material: 1 Besenstiel (am besten mit einer Gummikappe) und 1 Drum-Stick pro Schüler

- Die linke Hand führt die Schlagimpulse der tiefgestellten Noten durch Aufstampfen des Besenstils aus, die hochgestellten Noten werden von der rechten Hand mit dem Stick am Besenstiel angeschlagen. Hierzu kann im Wechselschritt am Platz marschiert werden, um das Tempo stabil und sicher zu vertreten.

Cajón, Conga, Djembe & Co

Achtung: Die Verteilung der Melodielinie sollte den beiden Händen fix zugeordnet werden.

- Die rechte Hand führt die Schlagimpulse der tiefgestellten Noten in der Fellmitte der Trommel aus (Bass-Sound). Die linke Hand führt die Schlagimpulse der hochgestellten Noten am Fellrand der Trommel aus (Open-Sound).

Übungsblatt: Mit zwei Sounds auf dem Weg zum Groove

Das Übungsblatt stellt – unter Vorgabe der bereits eingeübten Ausführung (siehe Imitation 1-taktig, Seite 67 f., Imitation 2-taktig, Seite 68) – ein Angebot zur vertiefenden Anwendung, Erprobung und kreativen Erweiterung dar.

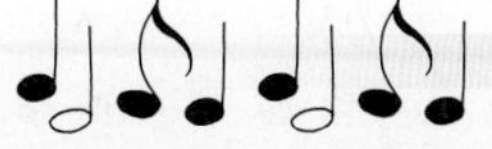

Mit zwei Sounds auf dem Weg zum Groove

Euer Lehrer spielt euch die folgenden ausnotierten Takte der Reihe nach jeweils einzeln vor. Hört dabei aufmerksam zu, lest am besten die Noten mit und wiederholt jeden Takt im direkten Anschluss.

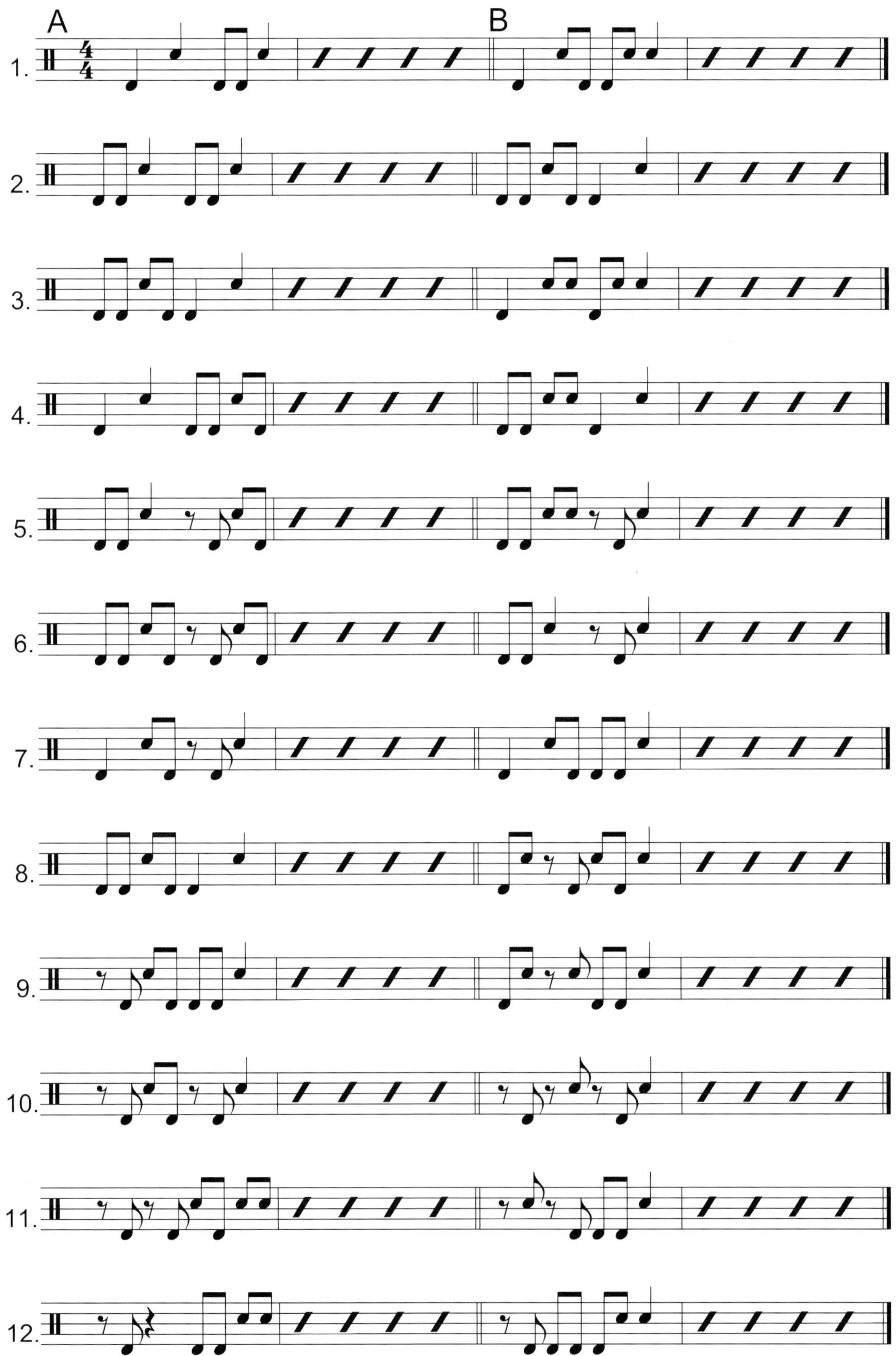

2. Pop-, Rock-, Blues-, Brasil-, Cuba- und Afro-Grooves

Zeit	ca. 5 Minuten pro Groove
Material	Body Percussion (klatschen, patschen, tappen, stampfen, gehen), Vocal Percussion, Percussion
Lernebene	Notenlesen, Bewegungskoordination, Synchronisation, rhythmische Stabilität
Sozialform	ganze Klasse gemeinsam (unisono) im Sitzen, im Stehen am Platz oder im Gehen (während der Erarbeitung einzelner Grooves), Klasse in einzelne Gruppen geteilt (in der Anwendungsphase)
Schwierigkeitsgrad	mittel / schwer

Grundübung

Übungsblatt: Groove-Spicker

(Lehrer und Schüler zusammen)
Das Übungsblatt sollte den Schülern als Kopie vorliegen.
Der Lehrer sollte versuchen, zu allen Schülern Blickkontakt zu halten, um die Schüler gegebenenfalls korrigieren oder um Hilfestellung geben zu können.
Die Erarbeitung der einzelnen Grooves kann im Sitzen (Fuβtap / Handclap) erfolgen. Im weiteren Verlauf sollten die Grooves jedoch im Stehen ausgeführt werden.

- Der Lehrer gibt den Schülern ein moderates Grundtempo mit 90 bpm vor. Lehrer und Schüler vertreten das Tempo mit einem leichten Fuβtap. Die Unterteilung wird durch eine Patschbewegung der Hände im Wechselschlag ausgeführt.
- Der Lehrer stellt den Schülern die einzelnen Grooves der Reihe nach vor. Die Schüler begleiten ihn dabei jeweils im Grundrhythmus und lesen die Noten mit. Anschlieβend wiederholen sie den jeweils vorgestellten Groove im direkten Anschluss, nun übernimmt der Lehrer die Begleitung. Beherrschen die Schüler den Groove, stellt der Lehrer den nächsten Groove vor usw.

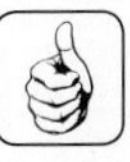

Tipp

- Das Tempo kann schrittweise gesteigert und so auf das für den jeweiligen Rhythmus charakteristische Zieltempo hingeführt werden.
- Ein aktuelles Musikbeispiel mit passender Tempovorgabe bietet den idealen Rahmen, um sich im Groove-Spiel zu erproben.

Variation

- Die Grooves lassen sich auch als Vocussion und Percussion ausführen.
- Der Lehrer teilt die Schüler in einzelne Gruppen ein, jede Gruppe führt den jeweiligen Groove auf eine andere Art aus (z. B. Body Percussion, Vocussion, Percussion und Drums).

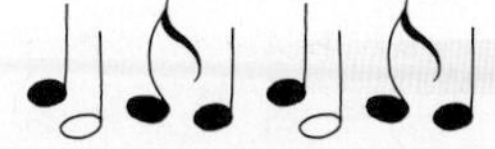

Groove-Spicker

Pop, Rock und Blues SD 2:1 (binär)

Beat ♩–120

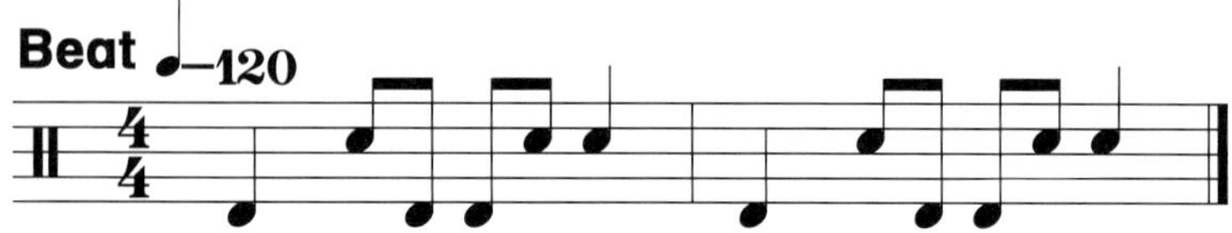

Rock´n Roll ♩–160

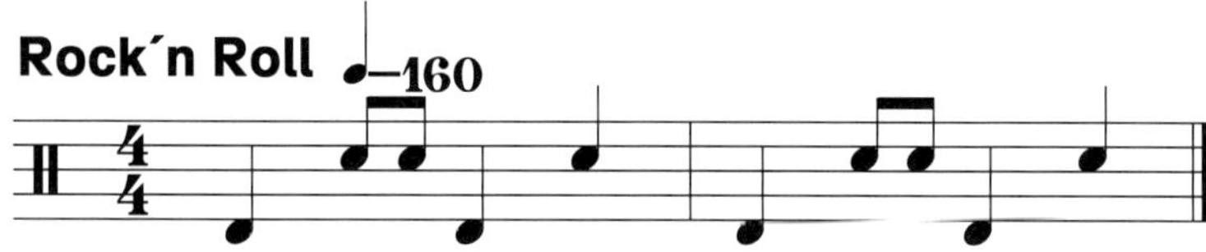

Pop-Rock ♩–120

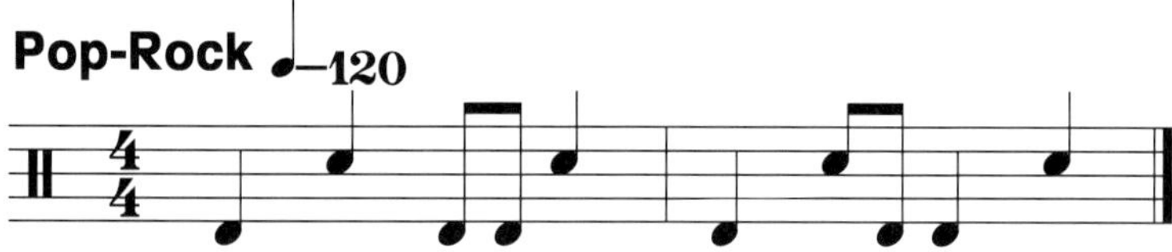

Rock ♩–100–160

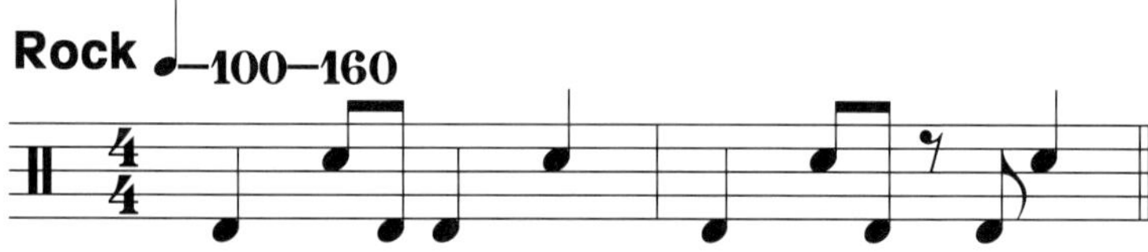

Hard-Rock ♩–100–160

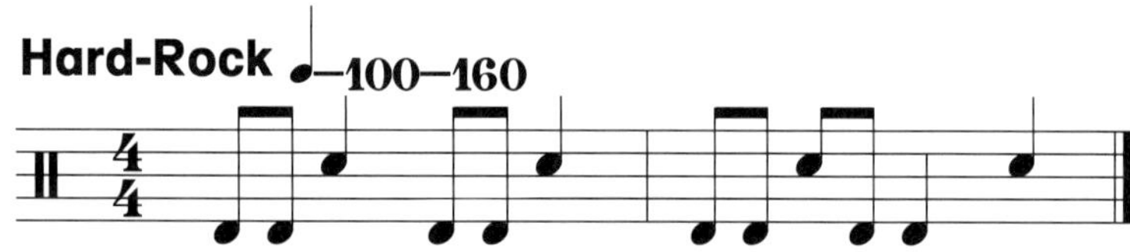

Disco ♩–120

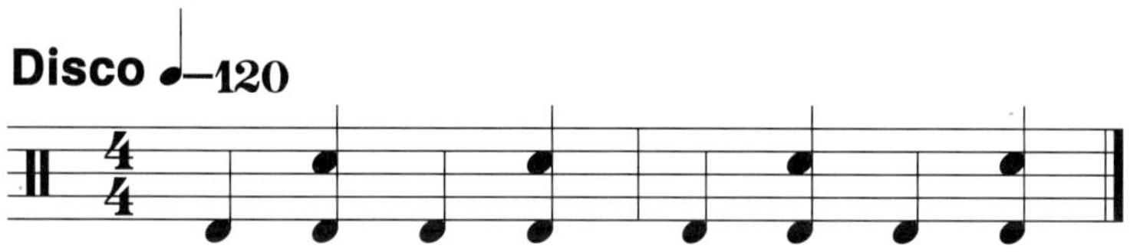

Techno ♩–140–180

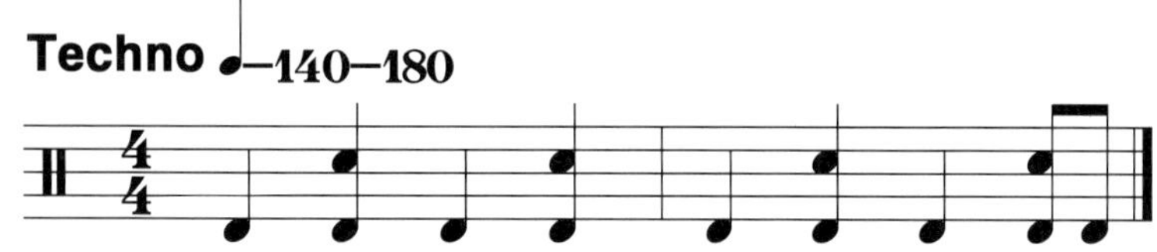

Soul ♩–80–160

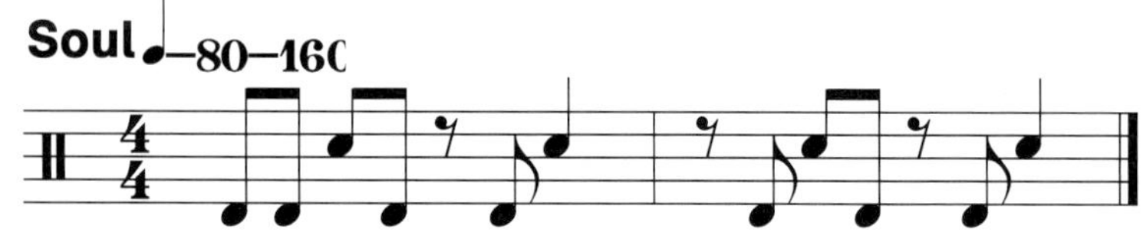

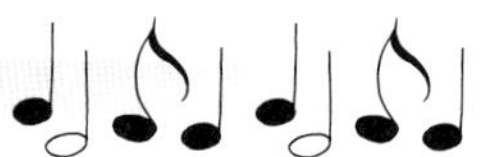

Brasilianische Tänze SD 2:1 & 4:1

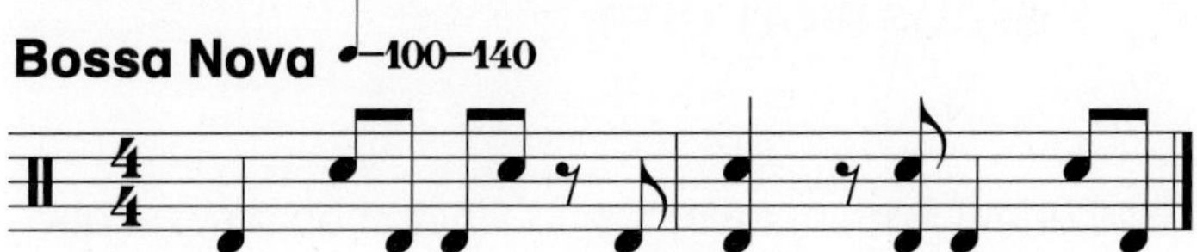

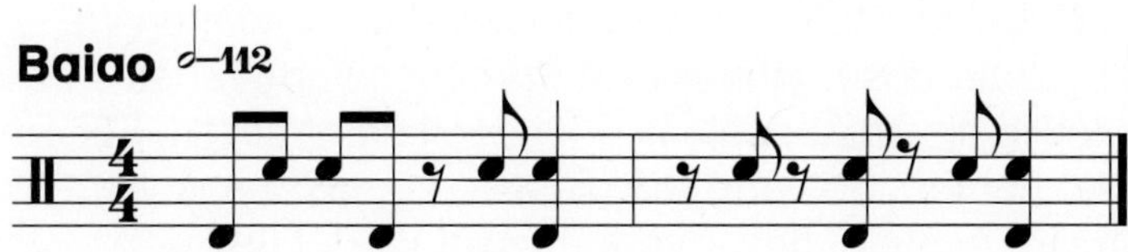

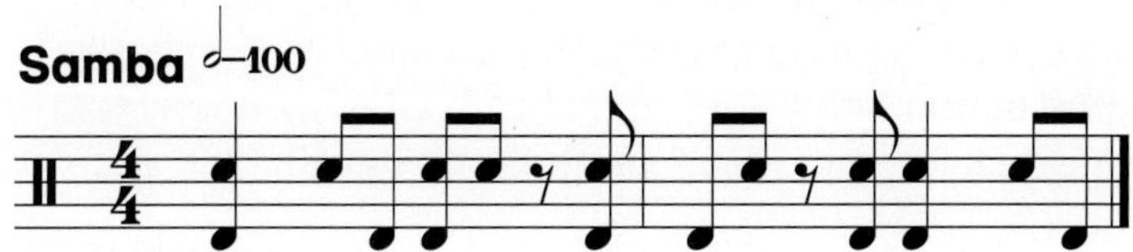

Cubanische Tänze SD 2:1 & 4:1

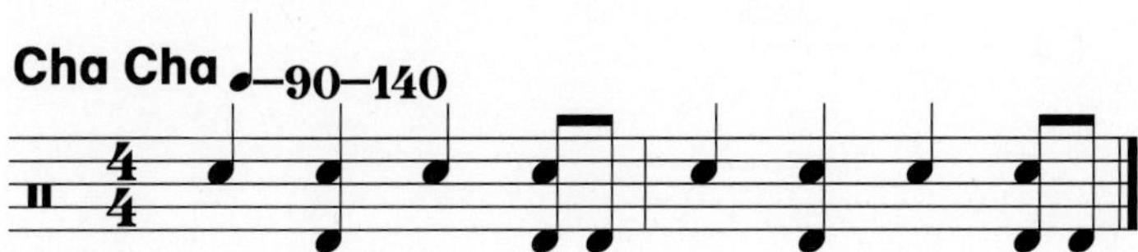

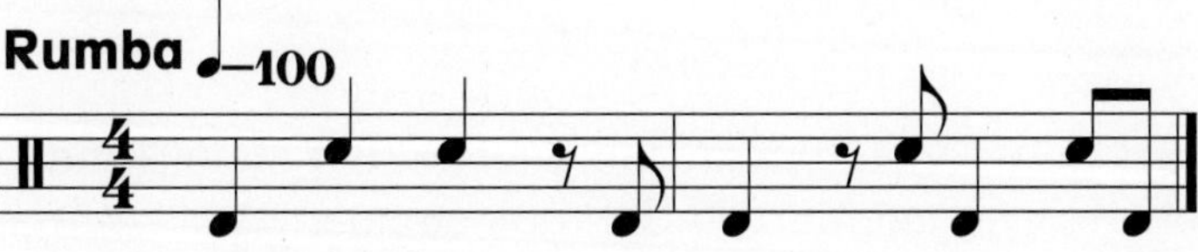

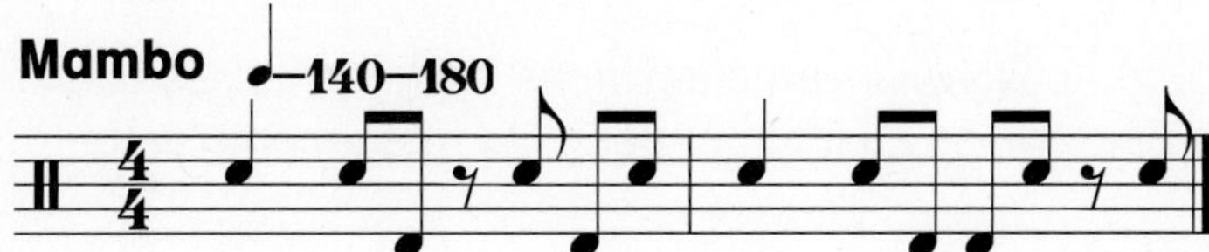

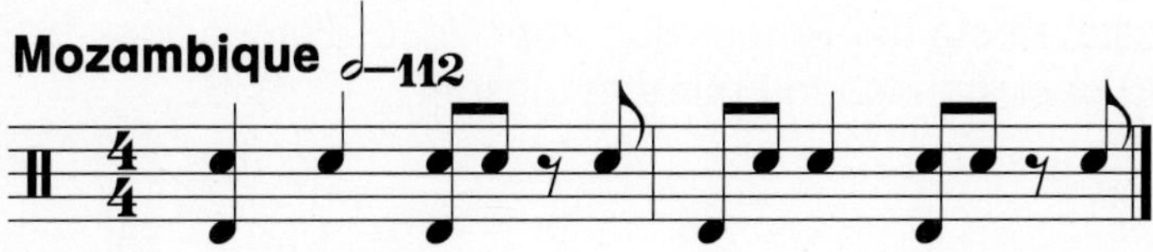

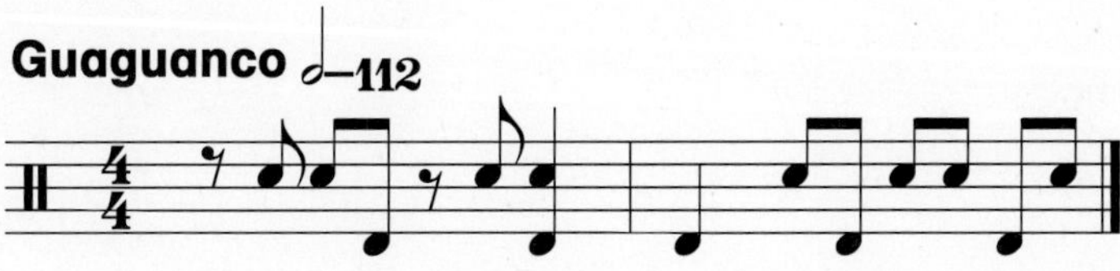

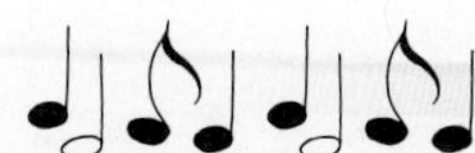

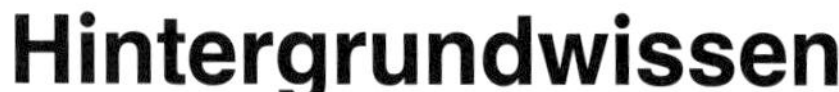

Hintergrundwissen

Schlag- und Spieltechnik der Body Percussion und Anleitung für Vocussion

Wie wir bereits in den vorigen Kapiteln erfahren und erlebt haben, lassen sich Rhythmen sowohl als Body Percussion (tappen, stampfen, klatschen, patschen usw.) als auch auf der Ebene der Vocussion mit nur zwei Klangsilben („bumm", „tscha" usw.) wunderbar „groovig" darstellen.
Wurden bisher vor allem Zähl- und Sprechsilben (1 2 usw., „ta"-„ke" usw.) verwendet, so können im nächsten Schritt Rhythmus-Silben lautiert werden. Über das rhythmisierte Sprechen von Wortsilben lassen sich auf einfache Weise Rhythmus-Motive als Taktbausteine klangvoll ausdrücken. Für Percussion bestens geeignet sind die Instrumentennamen. So vertreten die Kas-tag-net-ten in vier Silben rhythmisch ausgesprochen das Motiv von vier Achteln, das Tom-tom zwei Viertel und der Schel-len-ring zwei Achtel und eine Viertel. Als Rhythmusbausteine im 2/4-Takt lassen sich solche Rhythmus-Silben in Wortkombinationen bringen, woraus sich ganze 4/4-Takte und Patterns in Zweitaktform bilden lassen. Bei der Weiterentwicklung der Klangsilben für Vocussion steht das Imitieren des Original-Sounds von Percussion im Fokus. Wie schon beim Spracherwerb kommt es auch hier besonders darauf an, einen musikalischen Höreindruck lautmalerisch sinnhaft mit der Stimme wiederzugeben.

Relevante Orientierungspunkte für die Übertragung sind hierbei:

Stimme	Percussion	Vocussion				
Anlaut	hart – weich	k/g	t/d	p/b	z/s	f/sch
Klanglaut	hell – dunkel	i	e	a	u	o
Schlusslaut	geschlossen	m				
Tonhöhe	hoch – tief					

- Die **Anlaute** lassen sich den einzelnen Percussion-Materialgruppen zuordnen (k/t → Metall- und Holzklinger, p/b → Fellinstrumente, z/s → Schüttelinstrumente, r → Schrapinstrumente).
- Über die **Klanglaute** (i, e, a, u, o) lassen sich gut die Nuancen des Klangbilds eines Instruments gestalten.
- Mit dem **Schlusslaut** (m) lässt sich das Nach- und Ausschwingverhalten eines Instruments gestalten.
- Durch die **Tonhöhe** lassen sich auch paar- und satzweise zusammengestellte Instrumente unterscheiden und bestimmen.

Auf diese Weise verfügen wir über ein kleines Repertoire an kreativen Möglichkeiten, den Klangcharakter, die Klangfarbe, Klangdauer und Klangbestimmung der Percussion über Vocal Percussion wiederzugeben, die jedoch auch noch genügend gestalterischen Freiraum lassen.

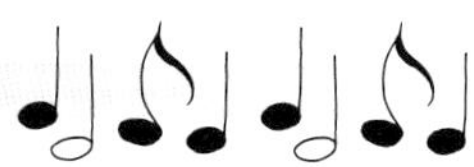

Groove-Arrangements für Body Percussion und Vocussion

Zeit	ca. 20–25 Minuten je Arrangement
Material	Body Percussion (patschen, tappen, stampfen, gehen), Vocal Percussion
Lernebene	Rhythmus, Timing, Zusammenspiel, Notenlesetraining
Sozialform	ganze Klasse gemeinsam (unisono) im Sitzen, im Stehen am Platz oder im Gehen, Klasse in einzelne Gruppen geteilt, in chorischer Besetzung (mind. zwei Spieler)
Schwierigkeitsgrad	leicht/mittel

Grundübung

(Lehrer und Schüler zusammen)
Die folgenden Notenbeispiele dienen der Veranschaulichung einzelner Akzentmotive sowie als Grundlage der Pattern-Erarbeitung mit Body Percussion. Die Notenbeispiele sollten an die Tafel geschrieben oder auf Folie kopiert und auf den Overheadprojektor gelegt werden, damit die Schüler lernen, die Noten mitzulesen.

Akzentmotive SD 2:1

Die vier möglichen Rhythmusmotive der Achtelunterteilung in der Darstellung als Akzentmotive:

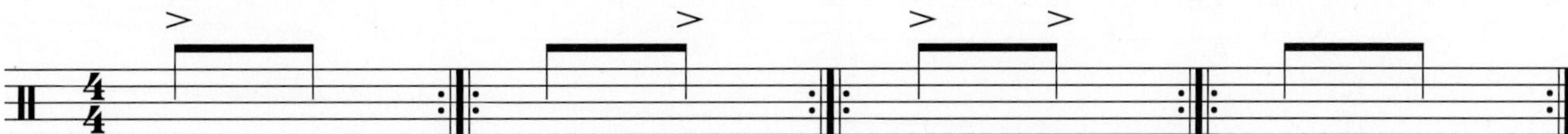

- Die Schüler führen eine lockere Wechselschlagbewegung der Hände auf den Oberschenkeln aus. Dabei zählen sie die Grundschläge taktweise laut und deutlich mit (1 2 3 4 1 2 3 4 usw.).
- Die Schüler beginnen mit dem 1. Motiv, das sie 4-mal hintereinander patschen. Dann wechseln sie im direkten Anschluss zum 2. Motiv, das ebenfalls 4-mal hintereinander gepatscht wird usw. Mit dem 4. Motiv gibt es eine kleine Verschnaufpause. Die Sequenz wird so oft nach demselben Schema wiederholt, bis sie fehlerfrei durchläuft.

Tipp

- Die Schüler sollten lernen, den Akzentschlag deutlich zu betonen. Dies gelingt am besten, wenn sie im Kontrast von leise (piano) und laut (forte) denken.
- Die Sequenz kann bei jedem Durchgang im Tempo gesteigert werden. Dies erhöht den Spielspaß und die Konzentration.

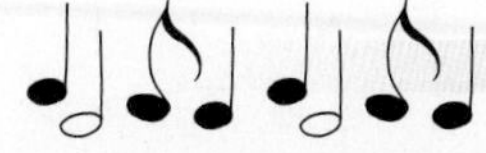

Akzente im 4/4-Takt

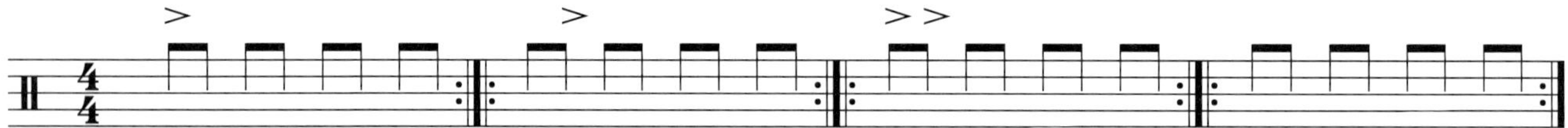

- Die Schüler nehmen die Achtelnoten mit einem durchgängigen Tap der Hände auf die Oberschenkel auf. Die angegebenen Akzente werden durch ein lauteres Patschen in Richtung Knie deutlich hervorgehoben.
- Die Schüler beginnen mit dem 1. Motiv, das sie 4-mal hintereinander patschen. Dann wechseln sie im direkten Anschluss zum 2. Motiv, das ebenfalls 4-mal hintereinander gepatscht wird usw. Mit dem 4. Motiv gibt es eine kleine Verschnaufpause. Die Sequenz wird so oft nach demselben Schema wiederholt, bis sie fehlerfrei durchläuft.

Variation

- Die einzelnen Akzentmotive können innerhalb des jeweiligen Takts auch auf einer anderen Zählzeit oder innerhalb des Takts auch gleich mehrfach ausgeführt werden.

Motiv-Pattern Akzente 2:1

Verbindet man je zwei der vier möglichen Akzentmotive miteinander, ergeben sich daraus schlagartig 16 unterschiedliche Patterns.

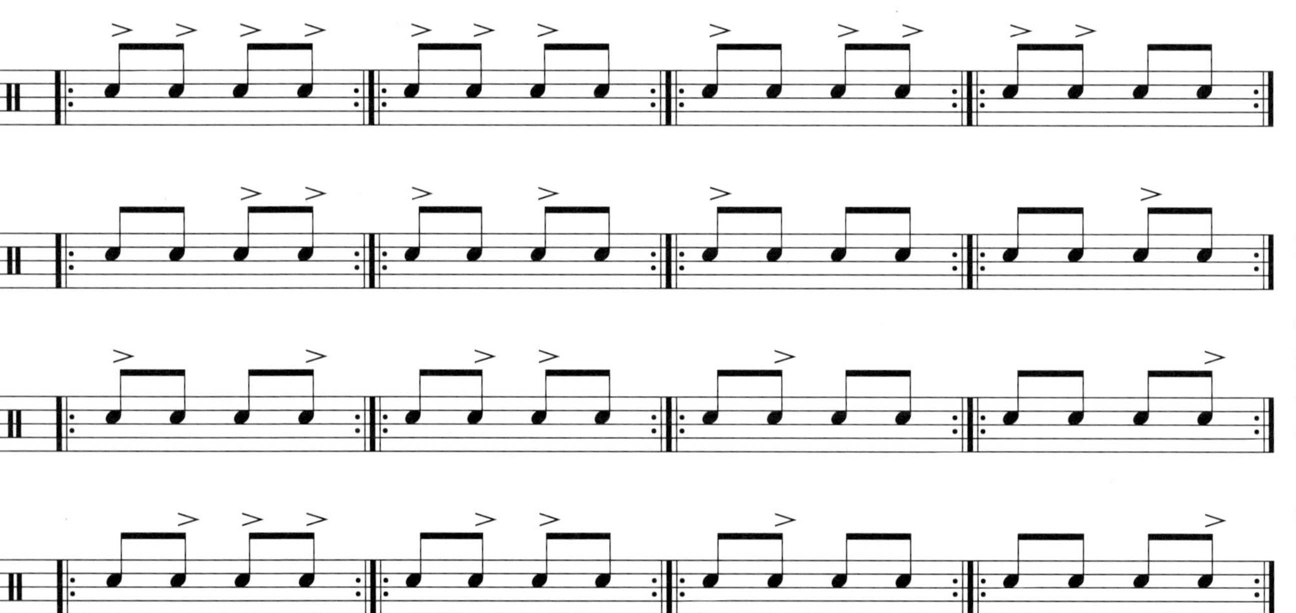

- Die Schüler patschen eine gleichmäßige Achtelbewegung im 4/4-Takt. Die angegebenen Akzente werden durch ein lauteres Patschen in Richtung Knie deutlich hervorgehoben.
- Die Schüler spielen die Patterns der Reihe nach jeweils in mehrfacher Wiederholung durch (so lange, bis das jeweilige Pattern fehlerfrei durchläuft). Die Taktreste werden jeweils mit normalen Achteln aufgefüllt.

Akzent-Pattern im 4/4-Takt

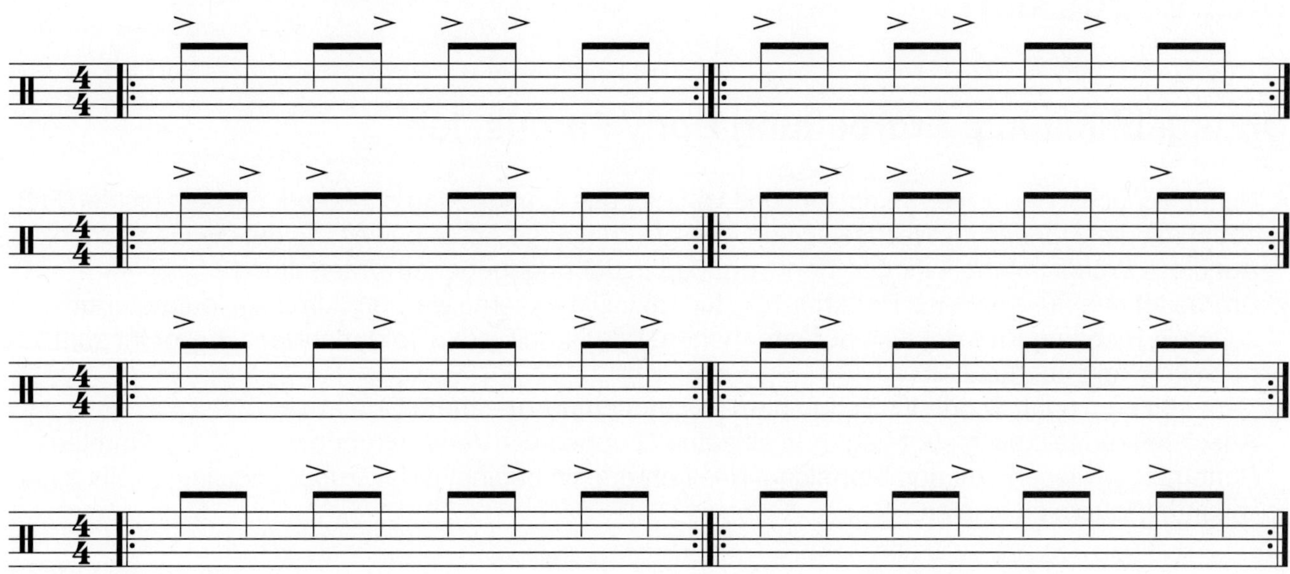

- Die Schüler patschen eine gleichmäßige Achtelbewegung im 4/4-Takt. Die angegebenen Akzente werden durch ein lauteres Patschen in Richtung Knie deutlich hervorgehoben.
- Die Schüler spielen die Patterns zunächst gemeinsam der Reihe nach jeweils in mehrfacher Wiederholung durch (so lange, bis das jeweilige Pattern fehlerfrei durchläuft).
- Anschließend teilt der Lehrer die Schüler in acht Gruppen ein. Jede Gruppe übernimmt ein bestimmtes Pattern. Auf das Startsignal des Lehrers hin beginnt jede Gruppe das ihr jeweils zugewiesene Pattern zu spielen. Sie spielen das Pattern in der vorgegebenen Wiederholungszahl, anschließend gehen sie direkt zum nächsten Pattern über.

Variation

- Wenn das Übereinanderspiel der einzelnen Gruppen gut funktioniert, kann nun jeder Schüler auf das Startsignal des Lehrers hin eine frei gewählte Kombination der vorgegebenen Patterns spielen.

Übungsblatt: Groove-Arrangements für Body Percussion und Vocussion

Groove-Arrangements für Body Percussion und Vocussion

Übungsanleitung: Erarbeitung Body Percussion

- Nehmt zunächst ein ruhiges Tempo auf und vertretet den Grundschlag gut hörbar mit dem rechten Fuß.
- Tappt mit den Händen im Wechselschlag eine gleichmäßige Achtelbewegung auf die Oberschenkel. Auf diese Weise unterteilt ihr den Beat vom Fuß in der angegebenen Unterteilung.
- Erarbeitet nun die einzelnen Patterns Takt für Takt. Die Akzente werden durch ein lauteres Patschen in Richtung Knie deutlich hervorgehoben. Wiederholt jeden Takt mehrfach, bevor ihr zum nächsten Takt übergeht.
- Versucht nun, euch Schritt für Schritt dem Originaltempo zu nähern.
- Anschließend teilt euch euer Lehrer in einzelne Gruppen ein. Jeder Gruppe wird ein bestimmtes Pattern zugewiesen. Auf das Startsignal des Lehrers hin beginnt jede Gruppe, das ihr jeweils zugewiesene Pattern zu spielen.

Übungsanleitung: Realisation Vocussion

- Nehmt zunächst ein ruhiges Tempo auf und vertretet den Grundschlag gut hörbar mit dem rechten Fuß.
- Tappt leise mit den Händen im Wechselschlag eine gleichmäßige Achtelbewegung auf die Oberschenkel (Kniehöhe). Auf diese Weise unterteilt ihr den Beat vom Fuß in der angegebenen Unterteilung.
- Versucht nun, die unter den Noten notierten Klangsilben gut hörbar zu lautieren. Euer Lehrer (ein Mitschüler) begleitet euch mit dem jeweils angegebenen Percussioninstrument. Versucht, eure Stimme dem Original-Sound des Instruments anzupassen.
- Anschließend teilt euch euer Lehrer in einzelne Gruppen ein. Jeder Gruppe wird ein bestimmtes Pattern zugewiesen. Auf das Startsignal des Lehrers hin beginnt nun jede Gruppe, das ihr jeweils zugewiesene Pattern zu spielen.
- Versucht nun zusätzlich, parallel zur Silbensprache die Akzente durch ein lauteres Patschen hervorzuheben, während der rechte Fuß weiterhin den Beat vertritt.

Werden an den einzelnen Notenzeilen zwei oder mehr Instrumente angegeben, handelt es sich um Alternativen (keine Stimmenverdopplung).

Tanz	Herkunft	Unterteilung	Takt	Stufe
Calypso	Trinidad	SD 2:1	1-taktig 4/4	leicht
Baion	Brasilien	SD 2:1	1-taktig 4/4	leicht
Cha Cha	Kuba	SD 2:1	2-taktig 4/4	leicht
Bossa Nova	Brasilien	SD 2:1	2-taktig 4/4	leicht
Samba	Brasilien	SD 4:1	2-taktig 2/2	leicht
Mambo	Kuba	SD 4:1	2-taktig 2/2	mittel
Songo	Kuba	SD 2:1	2-taktig 4/4	mittel
Kuku	Westafrika	SD 4:1	1-taktig 4/2	mittel

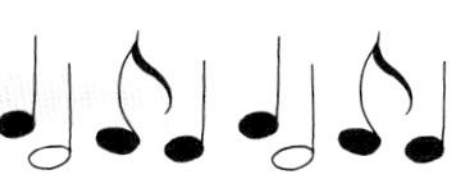

1. Calypso

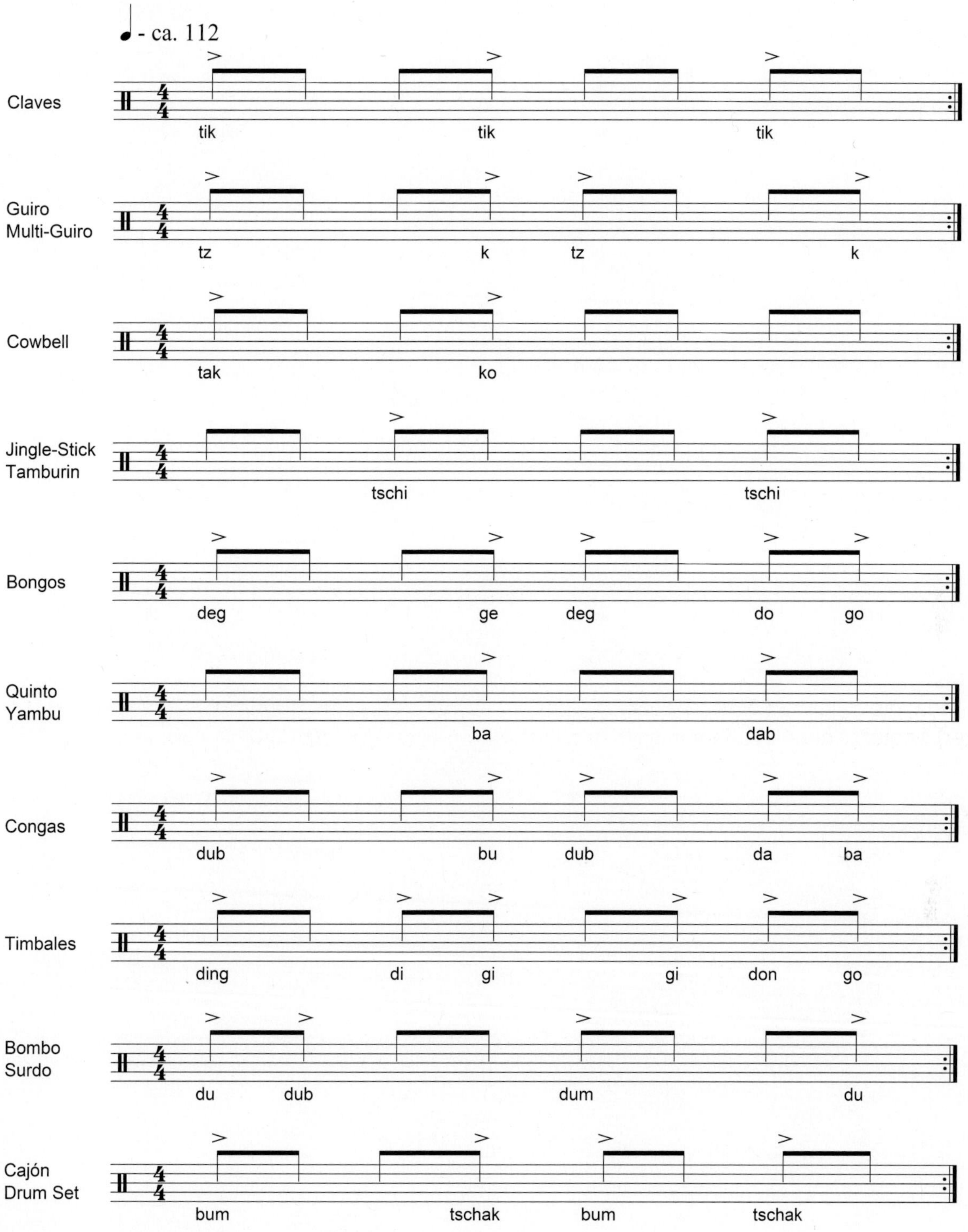

♩ - ca. 112

Claves
tik tik tik

Guiro / Multi-Guiro
tz k tz k

Cowbell
tak ko

Jingle-Stick / Tamburin
tschi tschi

Bongos
deg ge deg do go

Quinto / Yambu
ba dab

Congas
dub bu dub da ba

Timbales
ding di gi gi don go

Bombo / Surdo
du dub dum du

Cajón / Drum Set
bum tschak bum tschak

Tutti: Intro – Break – Schluss

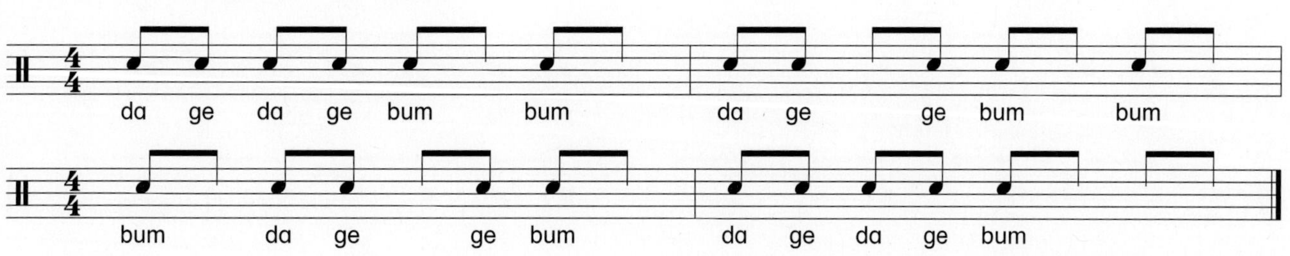

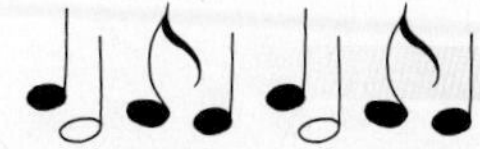

2. Baion

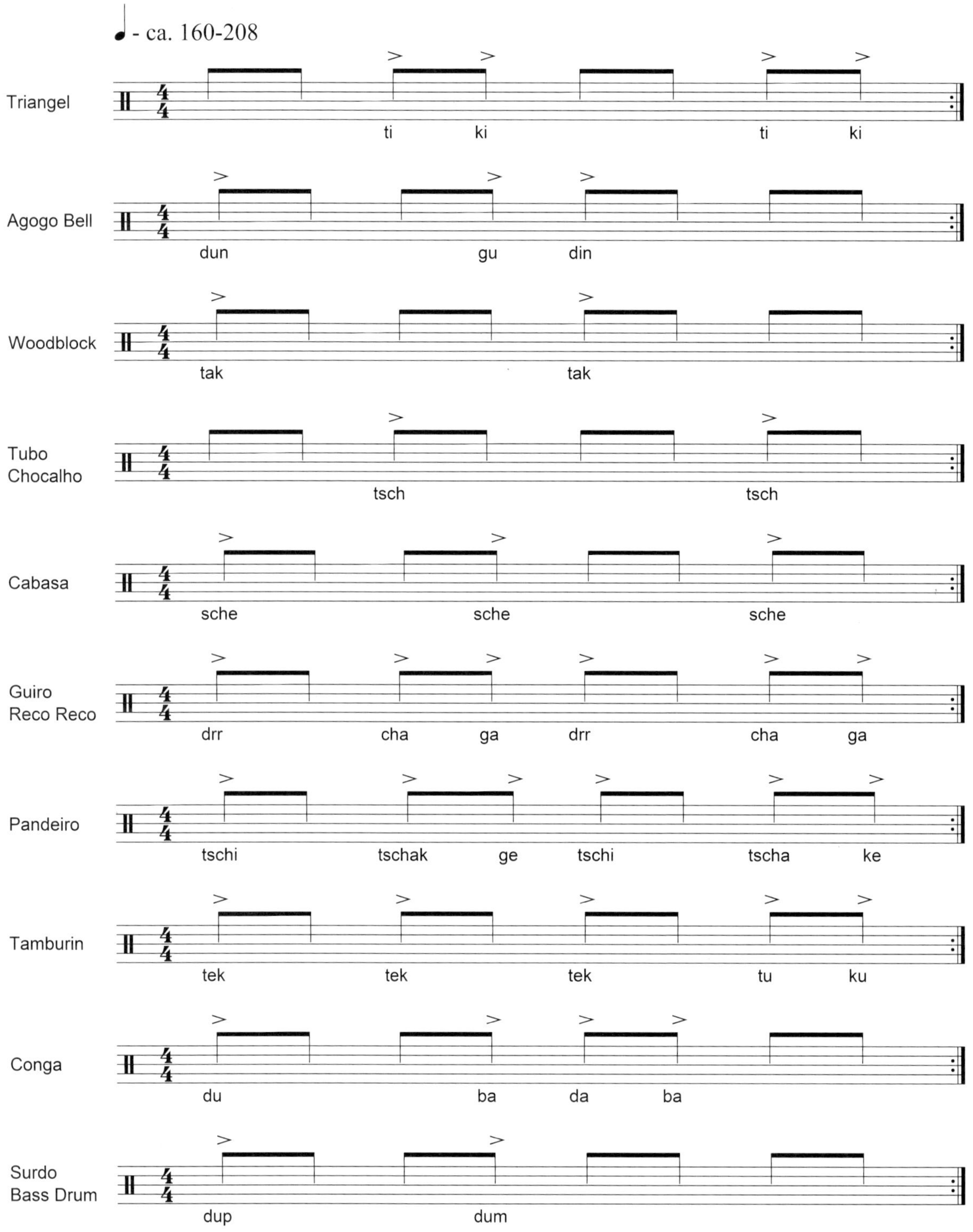

♩ - ca. 160-208

Triangel
ti ki ti ki

Agogo Bell
dun gu din

Woodblock
tak tak

Tubo Chocalho
tsch tsch

Cabasa
sche sche sche

Guiro Reco Reco
drr cha ga drr cha ga

Pandeiro
tschi tschak ge tschi tscha ke

Tamburin
tek tek tek tu ku

Conga
du ba da ba

Surdo Bass Drum
dup dum

Tutti: Intro – Break – Schluss

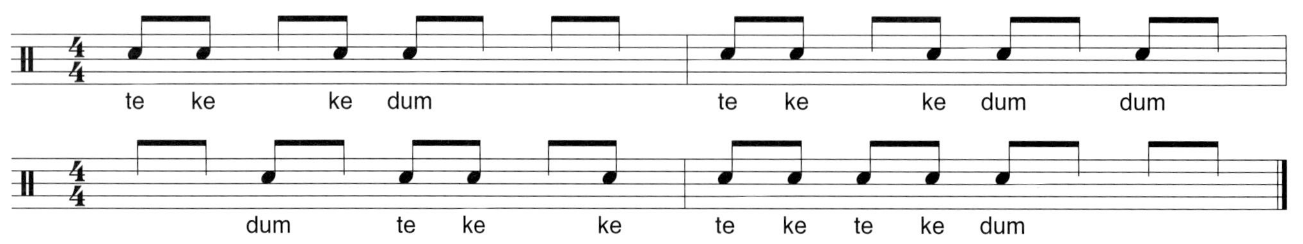

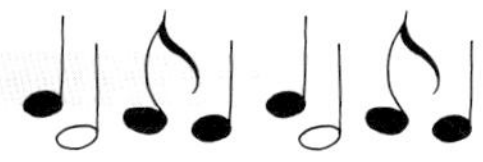

3. Cha Cha

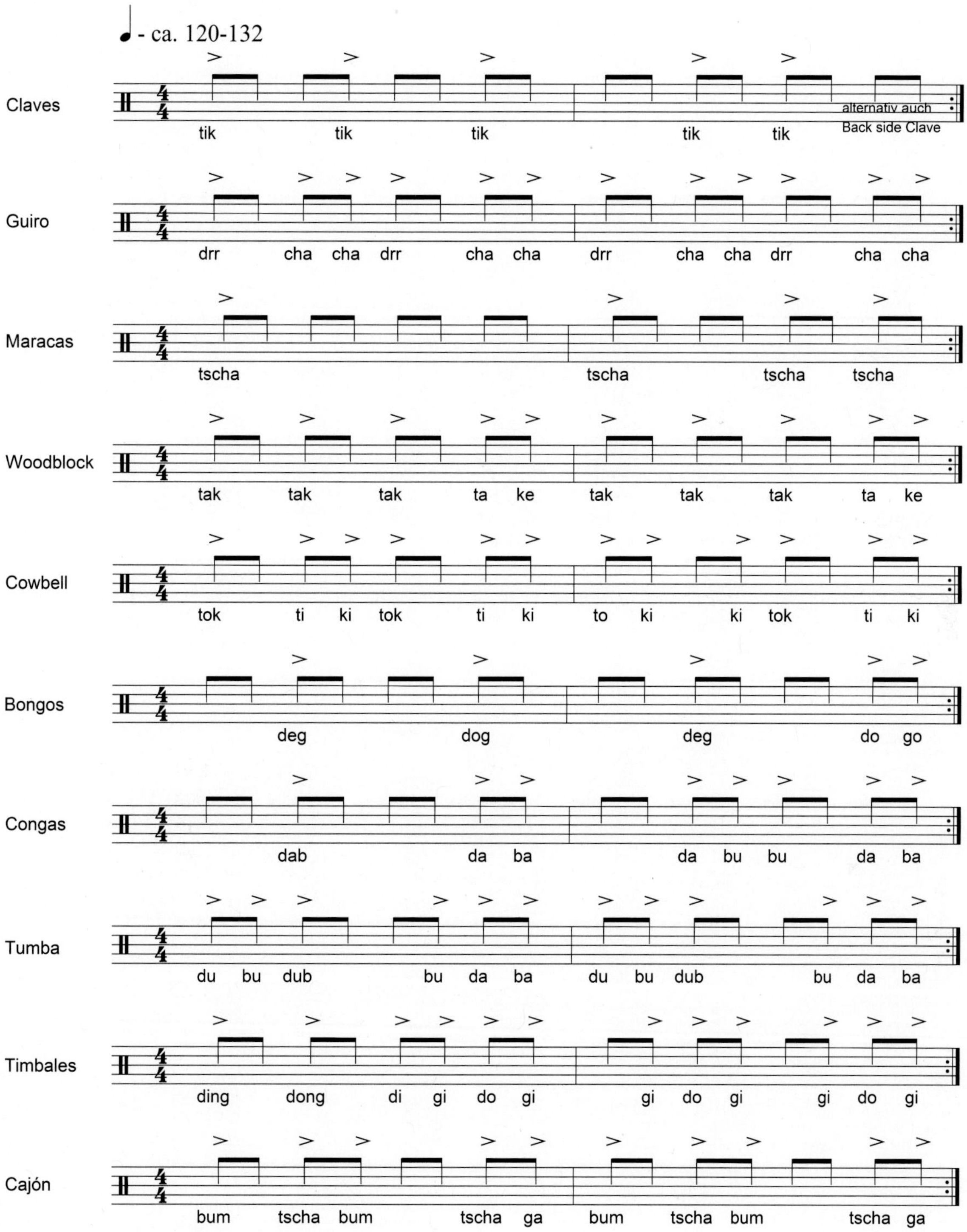

♩ - ca. 120-132

Claves: tik tik tik | tik tik (alternativ auch Back side Clave)

Guiro: drr cha cha drr cha cha | drr cha cha drr cha cha

Maracas: tscha | tscha tscha tscha

Woodblock: tak tak tak ta ke | tak tak tak ta ke

Cowbell: tok ti ki tok ti ki | to ki ki tok ti ki

Bongos: deg dog | deg do go

Congas: dab da ba | da bu bu da ba

Tumba: du bu dub bu da ba | du bu dub bu da ba

Timbales: ding dong di gi do gi | gi do gi gi do gi

Cajón: bum tscha bum tscha ga | bum tscha bum tscha ga

Tutti: Intro – Break – Schluss

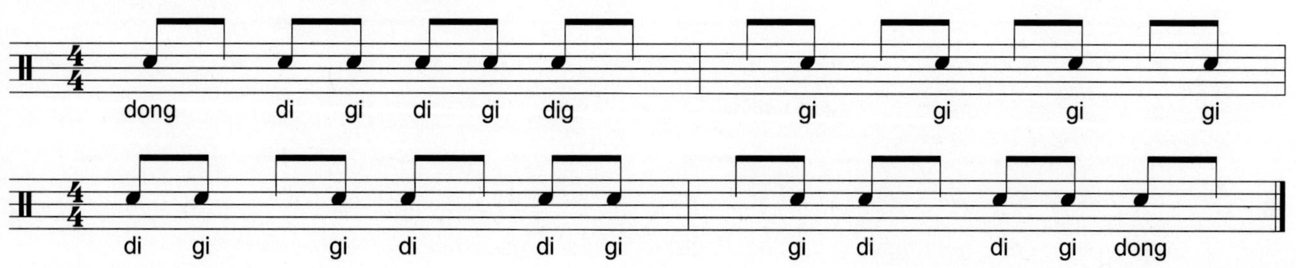

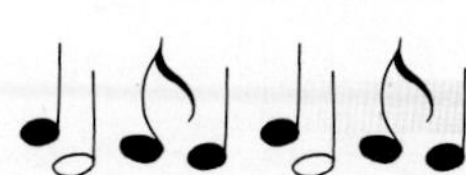

4. Bossa Nova

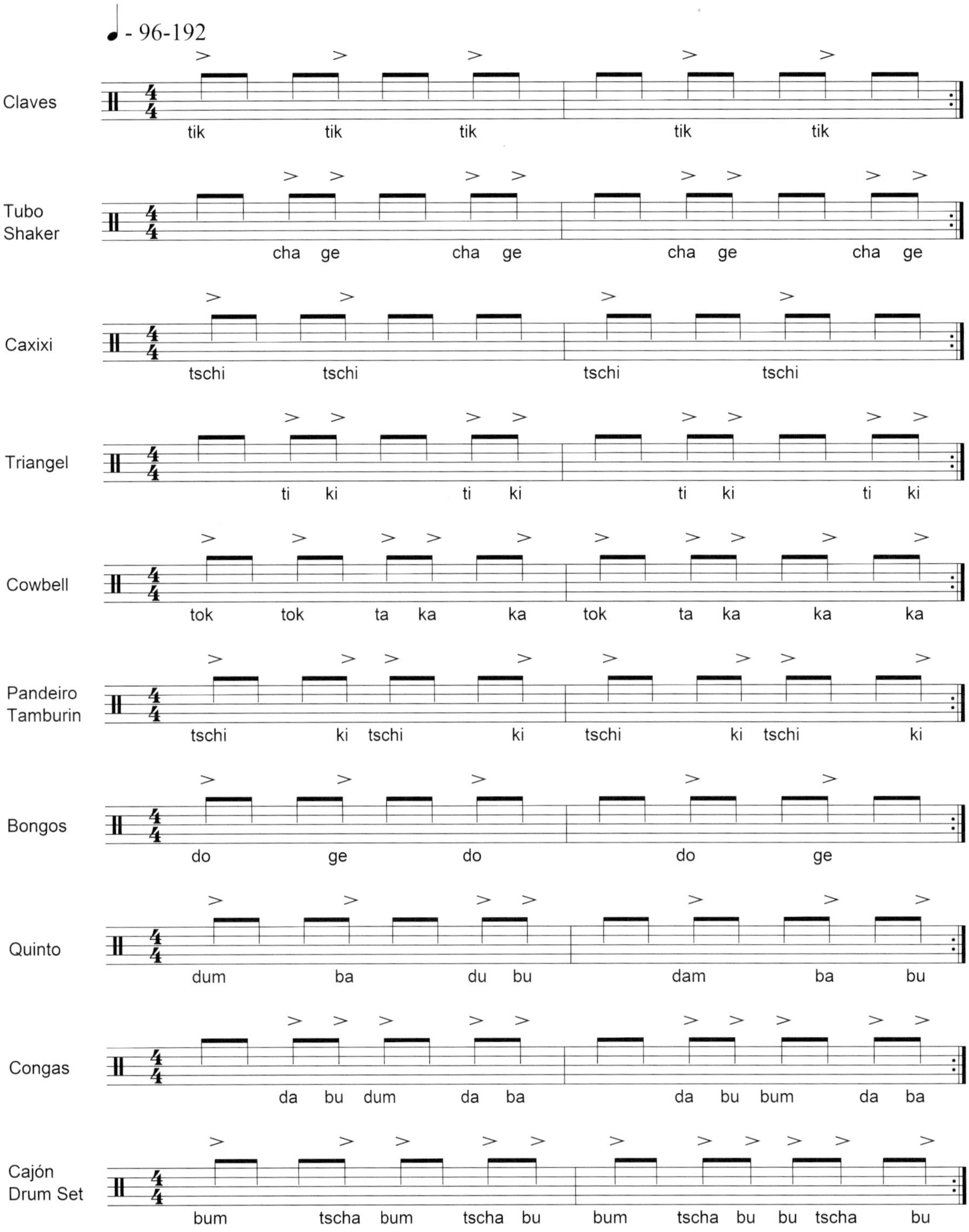

♩ - 96-192

Claves
tik tik tik tik tik

Tubo Shaker
cha ge cha ge cha ge cha ge

Caxixi
tschi tschi tschi tschi

Triangel
ti ki ti ki ti ki ti ki

Cowbell
tok tok ta ka ka tok ta ka ka ka

Pandeiro Tamburin
tschi ki tschi ki tschi ki tschi ki

Bongos
do ge do do ge

Quinto
dum ba du bu dam ba bu

Congas
da bu dum da ba da bu bum da ba

Cajón Drum Set
bum tscha bum tscha bu bum tscha bu bu tscha bu

Tutti: Intro – Break – Schluss

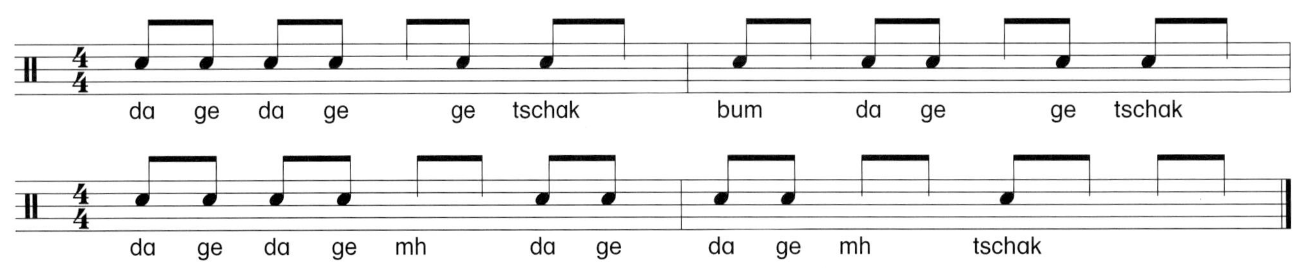

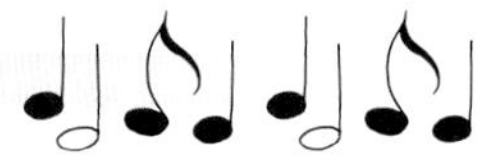

5. Samba

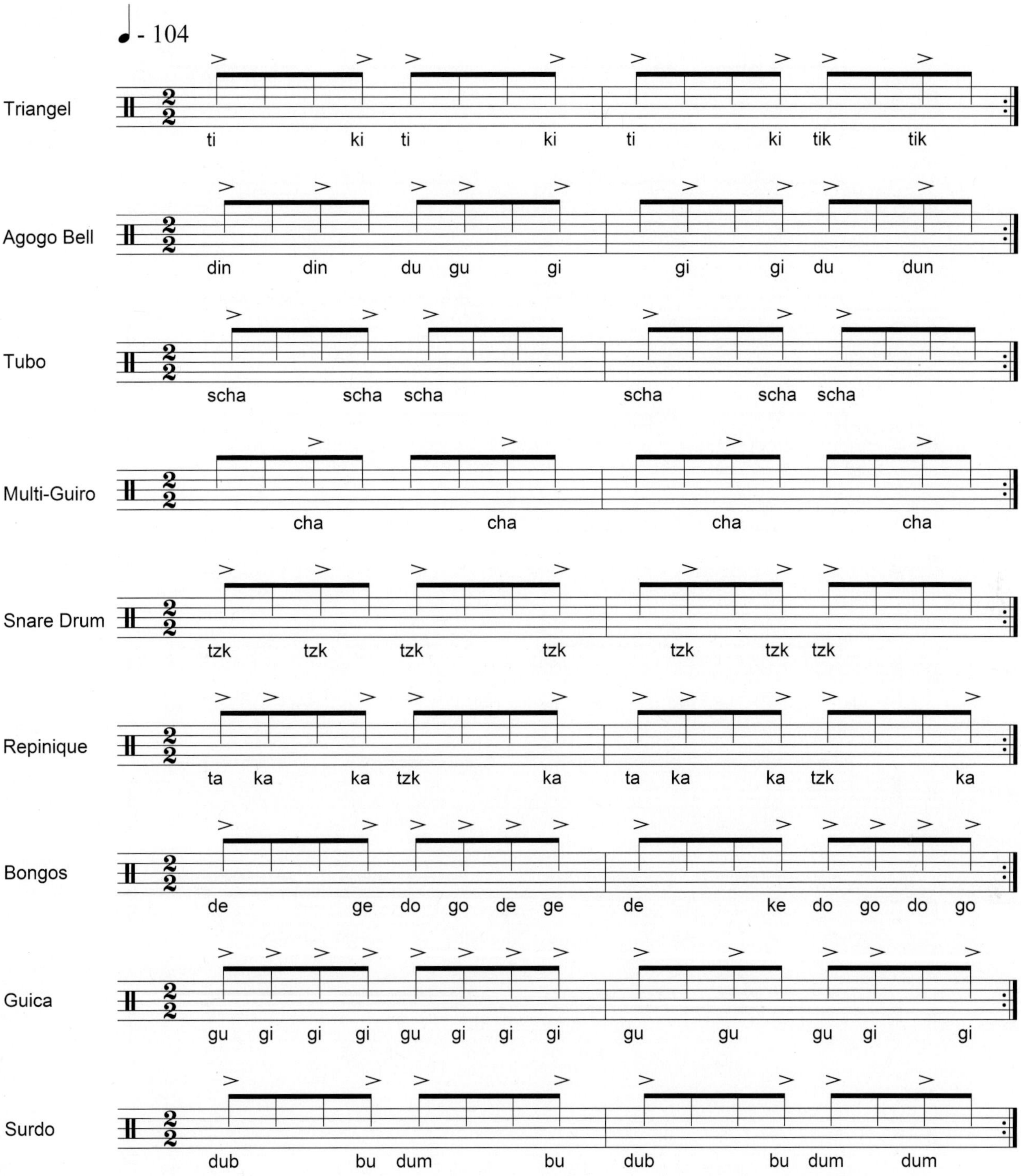

♩ - 104

Triangel: ti ki ti ki ti ki tik tik

Agogo Bell: din din du gu gi gi gi du dun

Tubo: scha scha scha scha scha scha

Multi-Guiro: cha cha cha cha

Snare Drum: tzk tzk tzk tzk tzk tzk tzk

Repinique: ta ka ka tzk ka ta ka ka tzk ka

Bongos: de ge do go de ge de ke do go do go

Guica: gu gi gi gi gu gi gi gi gu gu gu gi gi

Surdo: dub bu dum bu dub bu dum dum

Solo/Tutti: Intro – Break – Schluss

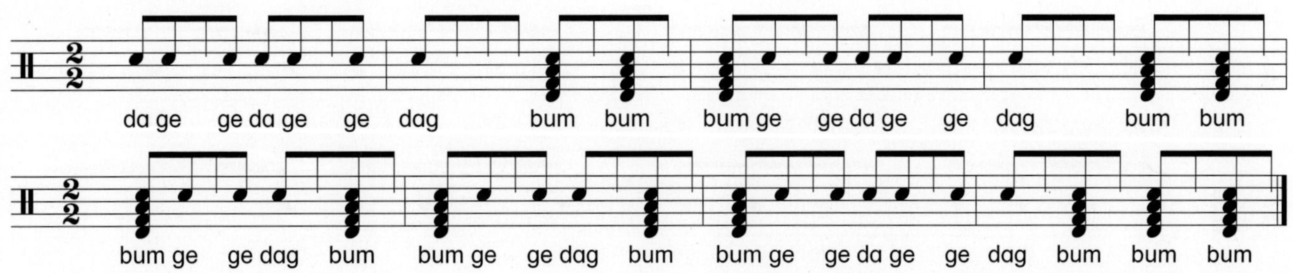

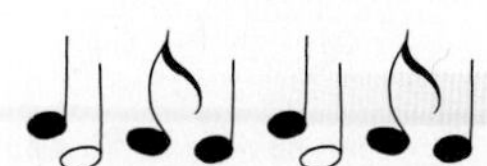

6. Mambo

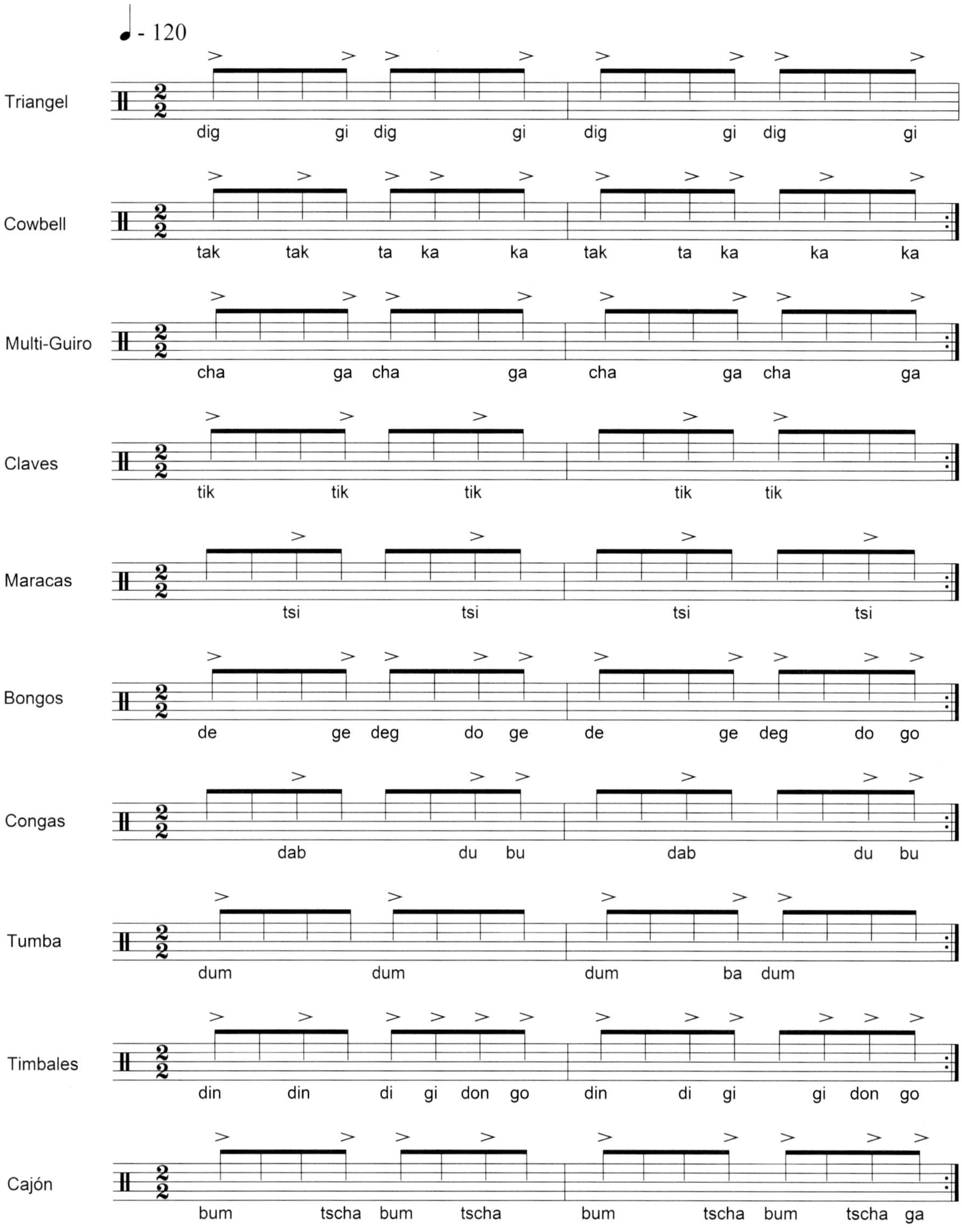

♩ - 120

Triangel: dig gi dig gi | dig gi dig gi

Cowbell: tak tak ta ka ka | tak ta ka ka ka

Multi-Guiro: cha ga cha ga | cha ga cha ga

Claves: tik tik tik | tik tik

Maracas: tsi tsi | tsi tsi

Bongos: de ge deg do ge | de ge deg do go

Congas: dab du bu | dab du bu

Tumba: dum dum | dum ba dum

Timbales: din din di gi don go | din di gi gi don go

Cajón: bum tscha bum tscha | bum tscha bum tscha ga

Tutti: Intro – Break – Schluss

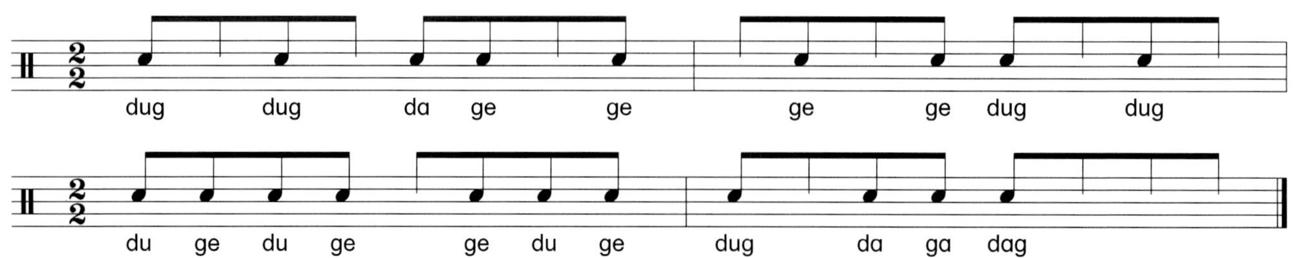

7. Songo

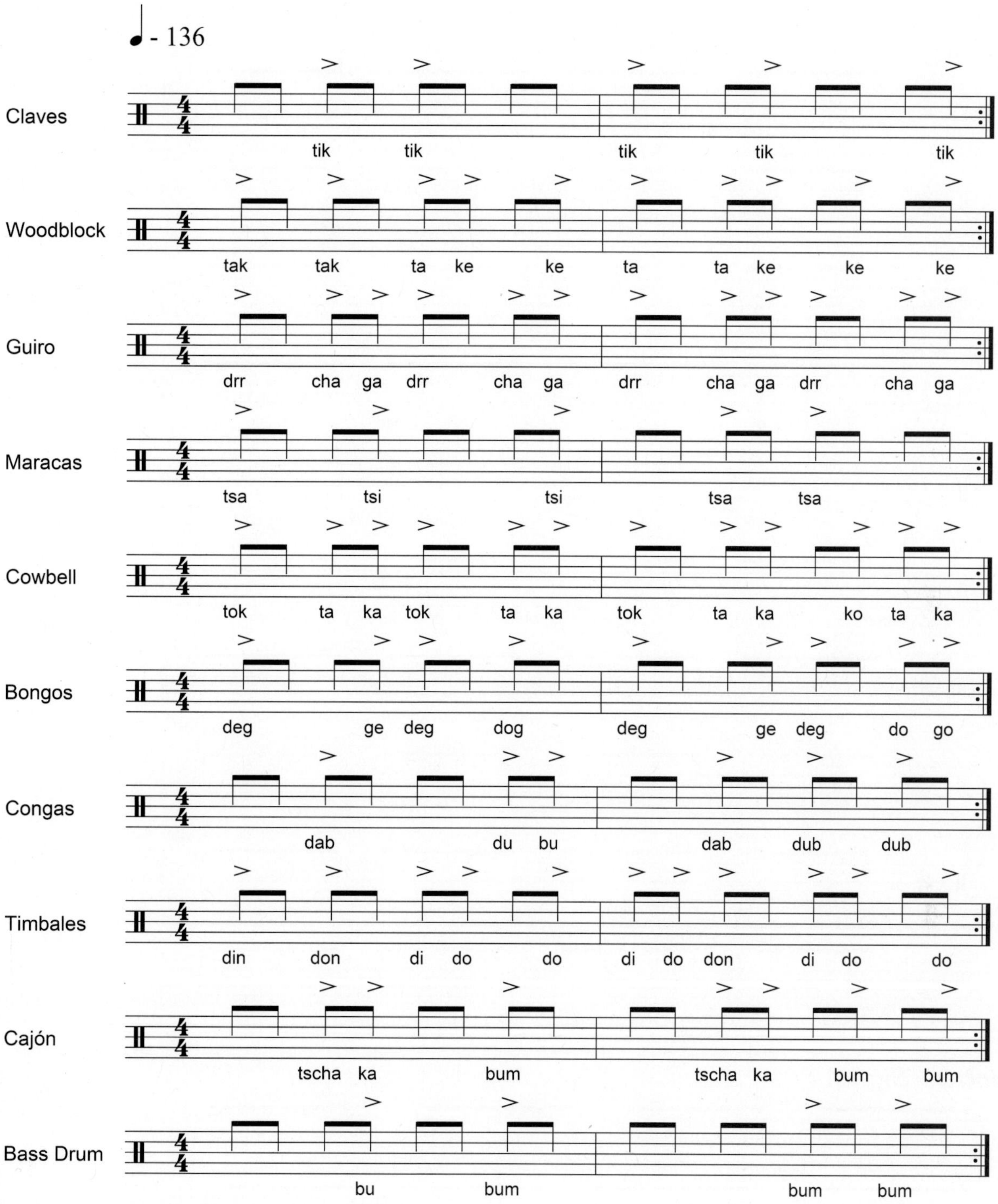

♩ - 136

Claves
tik tik tik tik tik

Woodblock
tak tak ta ke ke ta ta ke ke ke

Guiro
drr cha ga drr cha ga drr cha ga drr cha ga

Maracas
tsa tsi tsi tsa tsa

Cowbell
tok ta ka tok ta ka tok ta ka ko ta ka

Bongos
deg ge deg dog deg ge deg do go

Congas
dab du bu dab dub dub

Timbales
din don di do do di do don di do do

Cajón
tscha ka bum tscha ka bum bum

Bass Drum
bu bum bum bum

Tutti: Signal – Break – Schluss

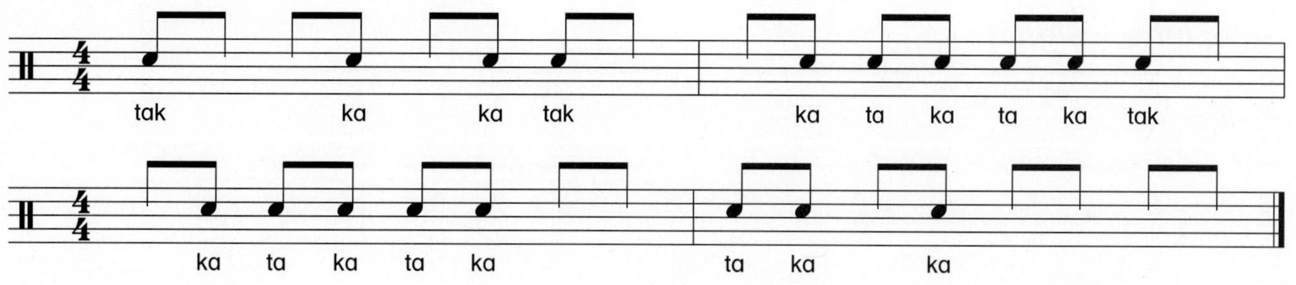

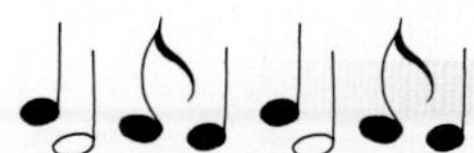

8. Kuku

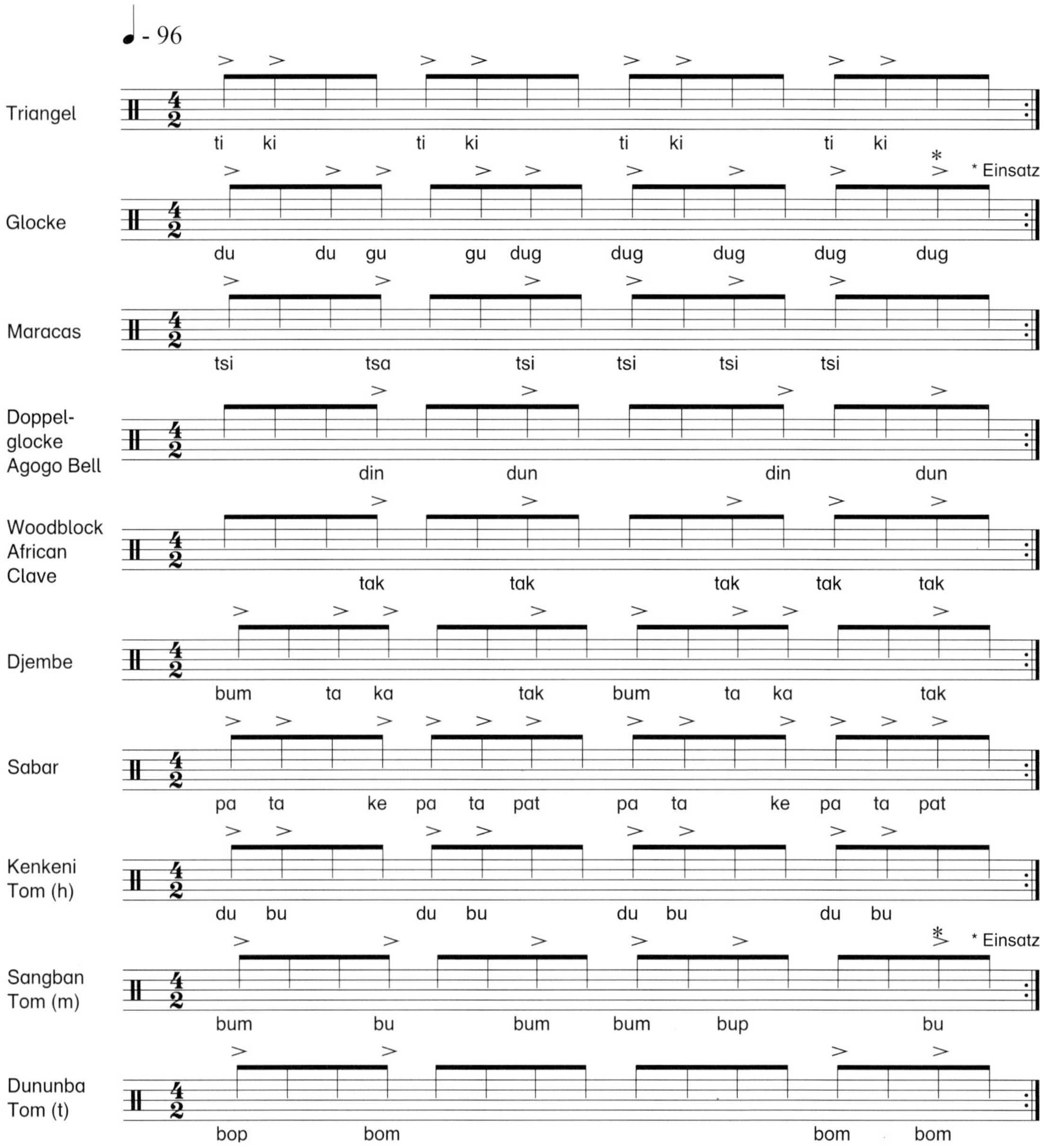

♩ - 96

Triangel: ti ki ti ki ti ki ti ki

Glocke: du du gu gu dug dug dug dug dug — * Einsatz

Maracas: tsi tsa tsi tsi tsi tsi

Doppelglocke Agogo Bell: din dun din dun

Woodblock African Clave: tak tak tak tak tak

Djembe: bum ta ka tak bum ta ka tak

Sabar: pa ta ke pa ta pat pa ta ke pa ta pat

Kenkeni Tom (h): du bu du bu du bu du bu

Sangban Tom (m): bum bu bum bum bup bu — * Einsatz

Dununba Tom (t): bop bom bom bom

Solo: Intro – Signal

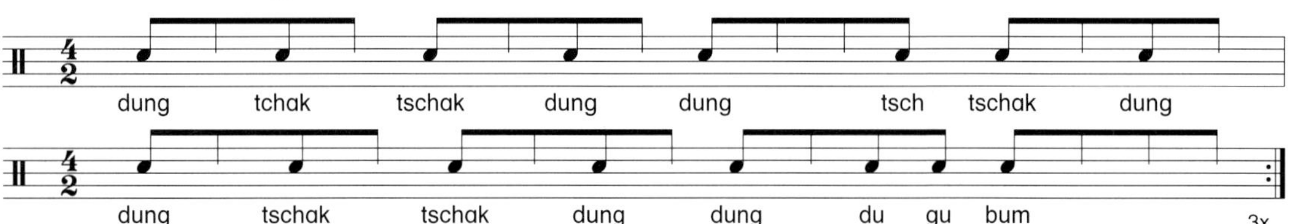

Solo: Intro – Signal

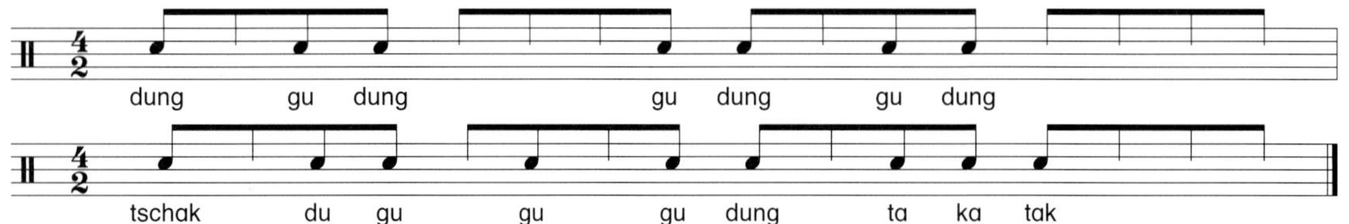

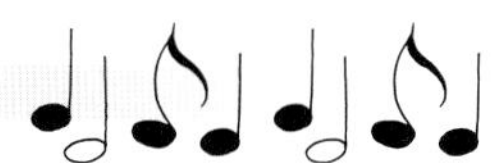

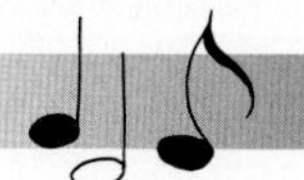

Hintergrundwissen

Arrangements für Percussion

Play-along-Spielpartituren (CD)

Die 16 Spielstücke der Play-along-CD „Trommeln lernen und mehr“ laden sowohl zum Zuhören als auch zum Mitmachen ein. Die Spielpläne zu diesen Stücken finden Sie auf den Seiten 91–98. Im Fokus der Spielpläne steht die Instrumental Percussion. Die Arrangements sind zum Zweck der bestmöglichen Übersicht nach den Empfehlungen der Schlagzeugnotation ausgeführt. Dies bedeutet:

- Die Percussion ist in einem gewöhnlichen 5-Liniensystem mit vorangestelltem Schlagzeugschlüssel notiert.
- Die Darstellung der Notensymbole entspricht in Bezug auf die Dauer der einzelnen Notenwerte der Notenschrift anderer Instrumente.
- Bezüglich der Instrumente und der Tonhöhenangaben gibt es allerdings einige Regeln, die beachtet werden müssen:
  - Noten mit einem Notenkopf stehen für die Gruppe der Membranofone.
  - Noten mit einem Kreuz stehen für die Gruppe der Idiofone.
  - Fellinstrumente werden mit den Notenköpfen auf und zwischen den Linien notiert.
  - Holzklinger werden mit einem Kreuz auf den Linien notiert.
  - Metallklinger werden mit einem Kreuz zwischen den Linien notiert.
  - Für Percussioninstrumente gibt es keine fixierte Angabe der Tonhöhe. Die Position der Notensymbole innerhalb des Notensystems ist in Bezug auf die reale Tonhöhe nur symbolisch festgelegt. Es gilt jedoch die Regel: Höher steht über tiefer. Diese Regel gilt auch innerhalb einer Materialgruppe. Eine Ausnahme bildet die Gruppe der Tuned Percussion, die unter Verwendung des Violin- oder Bass-Schlüssels mit verbindlichen Tonhöhenangaben und Vorzeichen notiert wird.

Werden an den einzelnen Notenzeilen zwei oder mehr Instrumente angegeben, handelt es sich um Alternativen (keine Stimmenverdopplung).

Percussion Spieltechnik

Anhand der folgenden Instrumente wird die richtige Bewegungsausführung, z. B. beim Spiel von Achtelnoten, beispielhaft dargestellt:

Conga	Shaker	Triangel	Guiro
R L	↑ (vor) ↓ (zurück)	← (hin) → (her)	↓ (ab) ↑ (auf)
beat off	beat off	beat off	beat off

Deutlich dürfte sich hier im Punkte der rhythmischen Organisation die Ähnlichkeit zu den Rhythmussilben („ta“-„ke“), den Klanglauten („bum“-„tscha“) und der Body Percussion (stampfen und klatschen) zeigen. Bei Streichinstrumenten wird dies mit Auf- und Abstrich, bei Blasinstrumenten mit Zungenstoß und Gaumenschlag („ti“-„ki“) und bei Zupfinstrumenten mit Down-and-up-Picking gelöst. Dies alles aber ist Rhythmus!

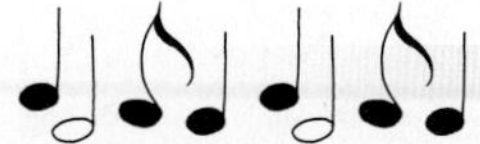

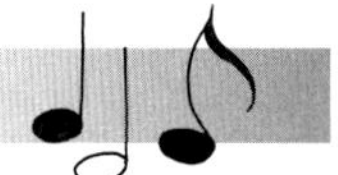

Umgang mit Groove-Arrangements

Zeit	ca. 30 Minuten je Groove-Arrangement
Material	Body Percussion, Vocal Percussion, Play along, Live-Arrangement
Lernebene	Zusammenspiel mit Play along, Interaktion im Partner-Spiel, Solo-Spiel
Sozialform	Begleitung der Play alongs im Tutti und einzeln (Imitation und Improvisation)
Schwierigkeitsgrad	mittel/schwer

Grundübung

Spielsätze zur Play-along-CD „Trommeln lernen und mehr“

(Lehrer als Vorspieler und Anleiter)
Es müssen nicht alle Stimmen des Play-along-Arrangements besetzt werden. Häufig reicht es bereits aus, zwei Solo-Spieler (z. B. Conga und Djembe) und ein paar Begleitstimmen mit Percussion zu besetzen.

Erarbeitungsphase

- Die einzelnen Rhythmus-Patterns sollten zunächst einzeln der Reihe nach im Tutti mit Body Percussion (auf den Oberschenkel patschen) erarbeitet werden.
- Der Lehrer spielt parallel dazu das dem jeweiligen Pattern zugeordnete Instrument, damit die Schüler eine Vorstellung von dem Original-Sound des Instruments bekommen.
- Die Schüler versuchen, die Klangsilben als Vocal Percussion parallel zum Patschen der Hände zu lautieren.
  Tipp: Die ungeraden Titelnummern der Play-along-CD präsentieren eine Auswahl der wichtigsten Instrumente im Vocal-Percussion-Sound.

Mitspielphase – Variationen

- Auf das Startsignal des Lehrers hin beginnen alle Schüler gemeinsam, ein ausgewähltes Pattern in Begleitung zum Play along zu spielen.
- Jedem Schüler wird ein bestimmtes Pattern zugeordnet (mit Instrument oder als Vocal Percussion). Auf das Startsignal des Lehrers hin beginnt jeder Schüler, sein Pattern in Begleitung zum Play along zu spielen.
- Die Schüler begleiten das Play along mit selbst erfundenen Patterns.
- Ein Schüler soliert (Solo-Improvisation) an einem geeigneten Instrument (z. B. Cajón, Conga, Djembe) über dem Play along. Die Mitschüler spielen parallel dazu ausgewählte Patterns in Begleitung zum Play along.
- Die Schüler spielen ausgewählte Patterns in Begleitung zum Play along. Der Reihenfolge nach spielt jeder Schüler für jeweils vier Takte eine kurze Improvisation und kehrt danach wieder in sein Modell zurück.

Übungsblatt: Übungssequenz für Partner-Spiele und Percussion-Solo

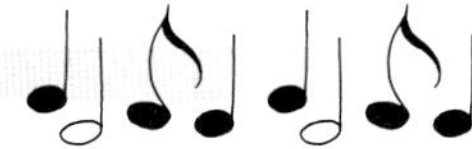

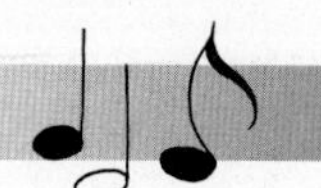

Road-Maps – Erstellung eigener Spielpläne

Ist es den Schülern gelungen, die Patterns sicher und fehlerfrei zu spielen, können im nächsten Schritt eigene Spielpläne erstellt werden.
Road-Maps (Straßenkarten für die musikalischen Abläufe) erfordern wenig Aufwand und es genügen bereits wenige Ideen, um abwechslungsreiche Spielvorschläge zusammenzubasteln.

Die selbst erstellten Arrangements lassen sich gut im Zusammenspiel mit den Play alongs üben. Der ausnotierte Schlussteil am Ende jeder Groove-Partitur (vier Takte) dient dabei als deutliches Signal um punktgenau mit dem Play along abzuschließen.

Sitzen die Grooves und steht die Road-Map kann nun auch völlig frei, ohne Begleitung des Play alongs, gespielt werden.

Zusammenstellung möglicher Spielformen

Signal: Als Einzeltakt, Zweitaktblock oder vom Spielleiter als Appell gespielt, lässt sich damit ein Wechsel rechtzeitig ankündigen.

Intro + (Pattern): Die Schüler setzen der Reihe nach mit dem Pattern (4-taktig) in den Groove ein.

Groove & Imitation (1–1): Der Spielleiter (Lehrer oder geübter Schüler) spielt einem Schüler über dem Groove der Klasse ein Pattern zu, das von dem Mitschüler im direkten Anschluss wiederholt wird.

Groove & Call/Response (2–2): Der Spielleiter (Lehrer oder geübter Schüler) spielt einem Schüler über dem Groove der Klasse einen Call (z. B. Takt 1 und 2) zu, der mit der Response des Schülers (z. B. Takt 3 und 4) beantwortet wird.

Groove & Change (4–4): Zwei Schüler solieren im Wechsel jeweils vier Takte lang über dem Groove der Klasse.

Groove-Section & Solo (8 oder 16): Fellinstrumente, Holz- oder Metallklinger (= Section) übernehmen den Groove, über den dann ein Schüler acht Takte lang soliert.

Groove-Section & Riff-Section: Fellinstrumente, Holz- oder Metallklinger (= Section) übernehmen den Groove, über den dann eine andere Section mehrfach ein Riff (siehe Signal/Schlussbreak) spielt.

Outro + (Pattern): Die Schüler steigen der Reihe nach mit ihrem Pattern (4-taktig) aus dem Groove aus.

Signal/Schlussbreak: Der Schlussbreak, bevorzugt im Tutti ausgeführt, sollte der Höhepunkt des gesamten Spiels sein.

Die vorgestellten Spielformen müssen nicht unbedingt nach Noten gespielt werden. In der jetzigen Phase kann gerne auch dem freien Improvisieren und Erfinden eigener Rhythmen Raum gegeben werden.

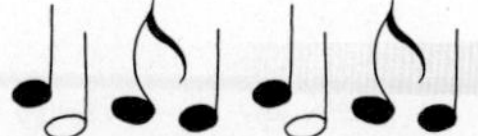

Übungssequenz für Partner-Spiele und Percussion-Solo

Signal, Fill in, Change, Solo

A. Imitation 1–1
Groove / Break 3 + 1

B. Call / Response 1–1
Groove / Fill in 3–1

C. Dialog 2–2
Change 4–4

D. Groove + Solo
4–8–16

Ausführungshinweis
- Grundschlag (Beat) mit der Schlaghand
- Nachschläge (Offbeat) mit der Nachschlaghand

Ausführungshinweis für Cajón, Congas und Djembe
- Viertelnoten als Bass-Sound in der Fellmitte gespielt
- Achtelnoten als Open-Sound am Fellrand geschlagen

Ausführungshinweis für Cowbell, Tamburin, Agogo Bell
- Viertelnoten mit tiefem Sound
- Achtelnoten mit hohem Sound

Impulsnotation SD 2:1

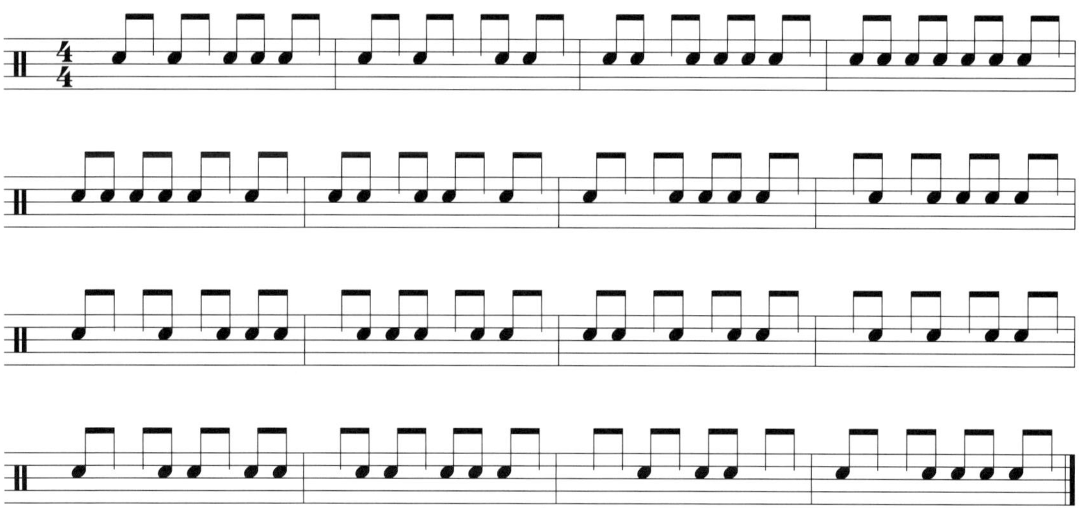

Rhythmusnotation SD 2:1

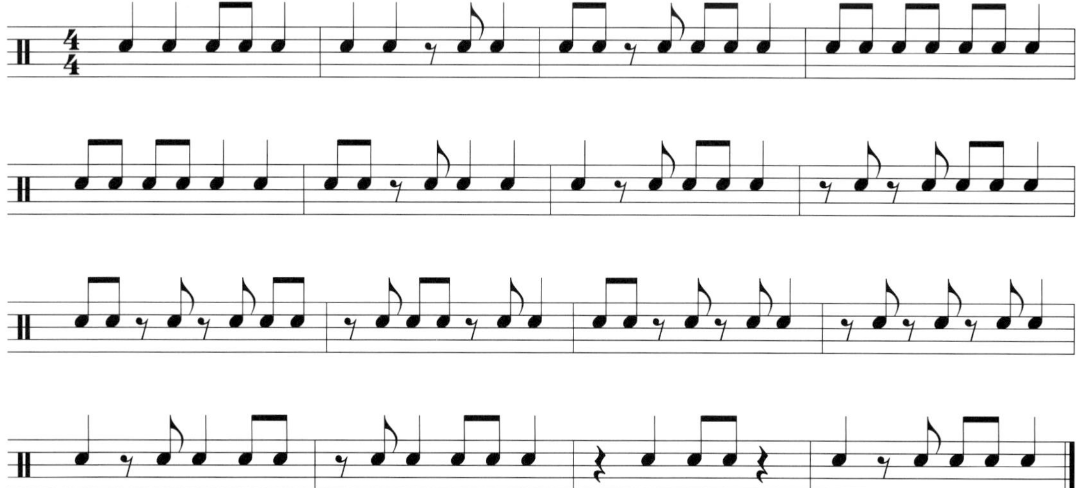

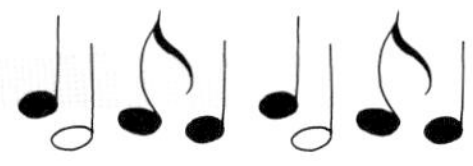

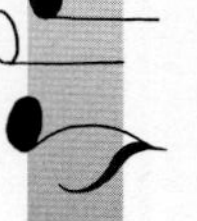

Spielsätze zur Play-along-CD „Trommeln lernen und mehr“

Root 4–4

CD Titel 1 & 2

Claves

2 Cowbells/Woodblocks
Sticks

Conga hoch/Quinto
Hand

Conga mittel
Hand

Conga tief/Tumba
L - Stick/R - Hand

Standtom/Surdo
R - Filzkopf/L - Stick

Bass Drum/Doundounba
R - Filzkopf/L - Stick

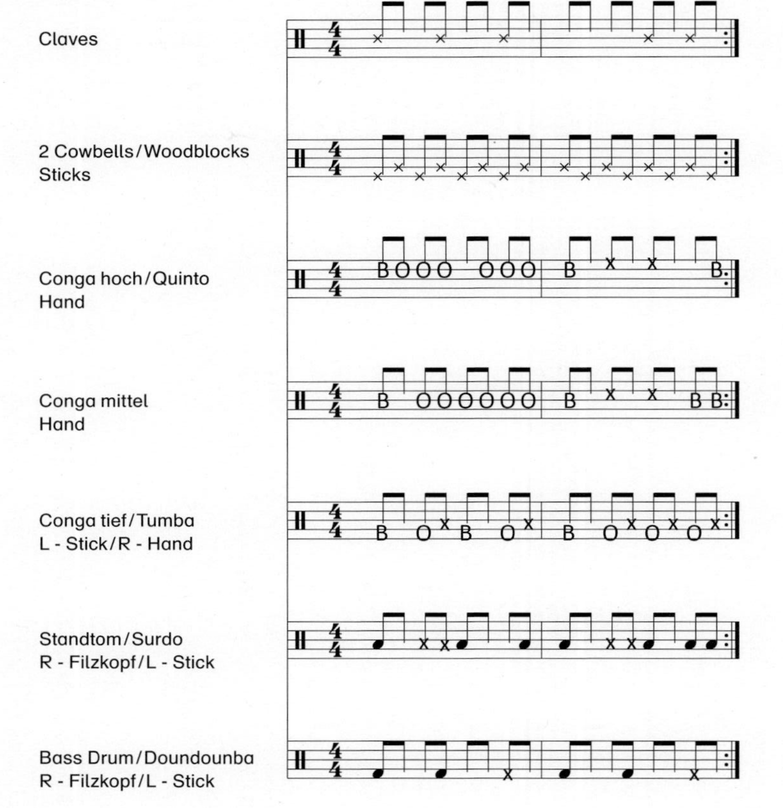

Signal/Schlussbreak

B = Bass-Sound/Center
O = Open-Sound/Normal
X = Clap oder Rim mit Stick

Spielsätze zur Play-along-CD „Trommeln lernen und mehr“

Buddy Gruuf

CD Titel 3 & 4

Tubo/Hi Hiat
Vocussion: tz tz tz tz
Body P.: Tap auf Knie

Standtom/Bass Drum
Vocussion: du dup
Body P.: Stomp R - L

Cowbell/Snare Drum
Vocussion: dum tschak
Body P.: Patsch Clap

Triangel/Becken
Vocussion: di gi
Body P.: Fingerclap

Cajón

alternativ

Drum Set

Signal/Schlussbreak

ra ka ta ka ra ka ta ka ra ka ta ka bum bum tschak ra ka ta ka bum tschak

Spielvorschlag:

Über den Rhythmus von Buddy Gruuf kann sehr gut ein Rap gesetzt werden. Zwischen die Textstrophen können dann Imitationsspiele, Call & Response oder kurze Solos gelegt werden.

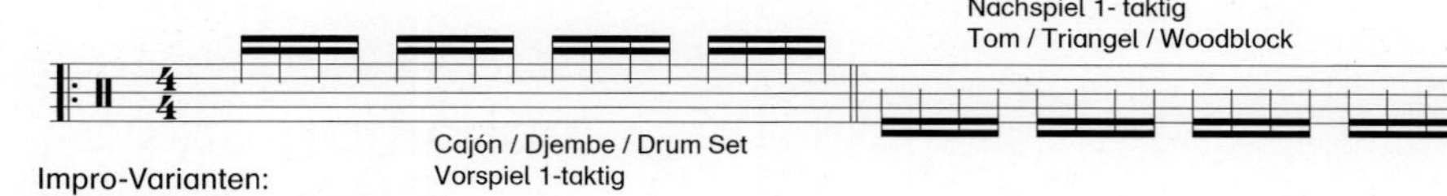

Impro-Varianten:
Call - Response 2-taktig
Solo 4-taktig

Spielsätze zur Play-along-CD „Trommeln lernen und mehr“

Escola Samba

CD Titel 5 & 6

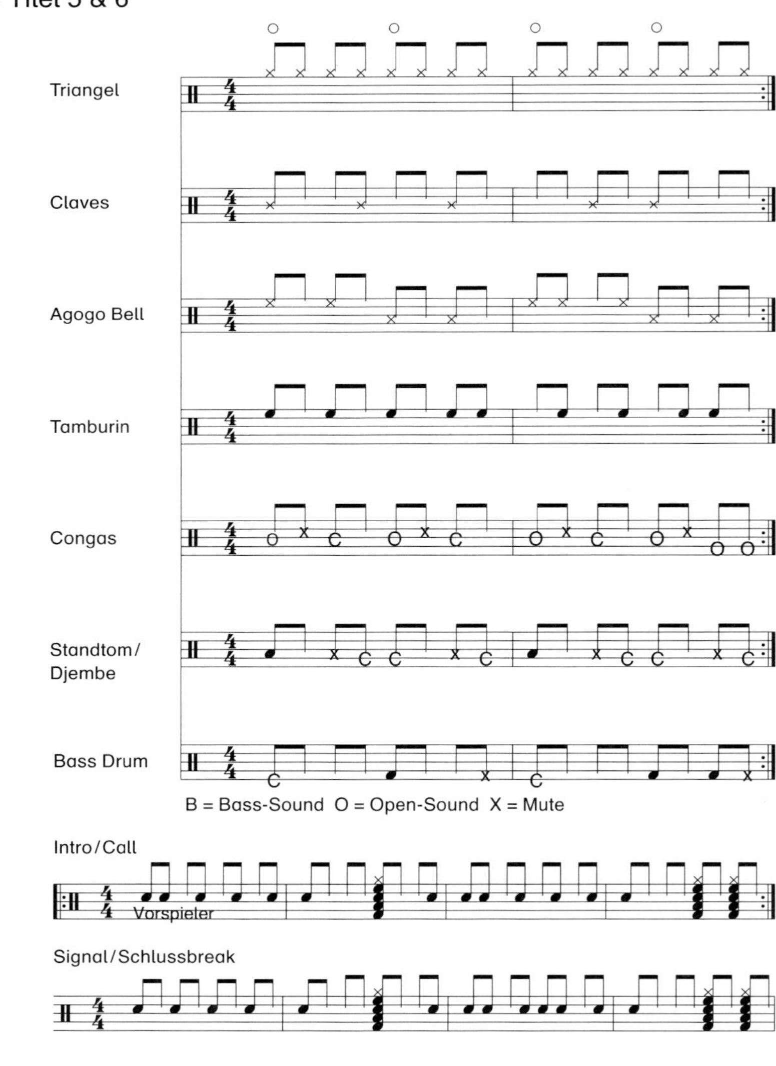

Spielsätze zur Play-along-CD „Trommeln lernen und mehr“

Samba Batucada

CD Titel 7 & 8

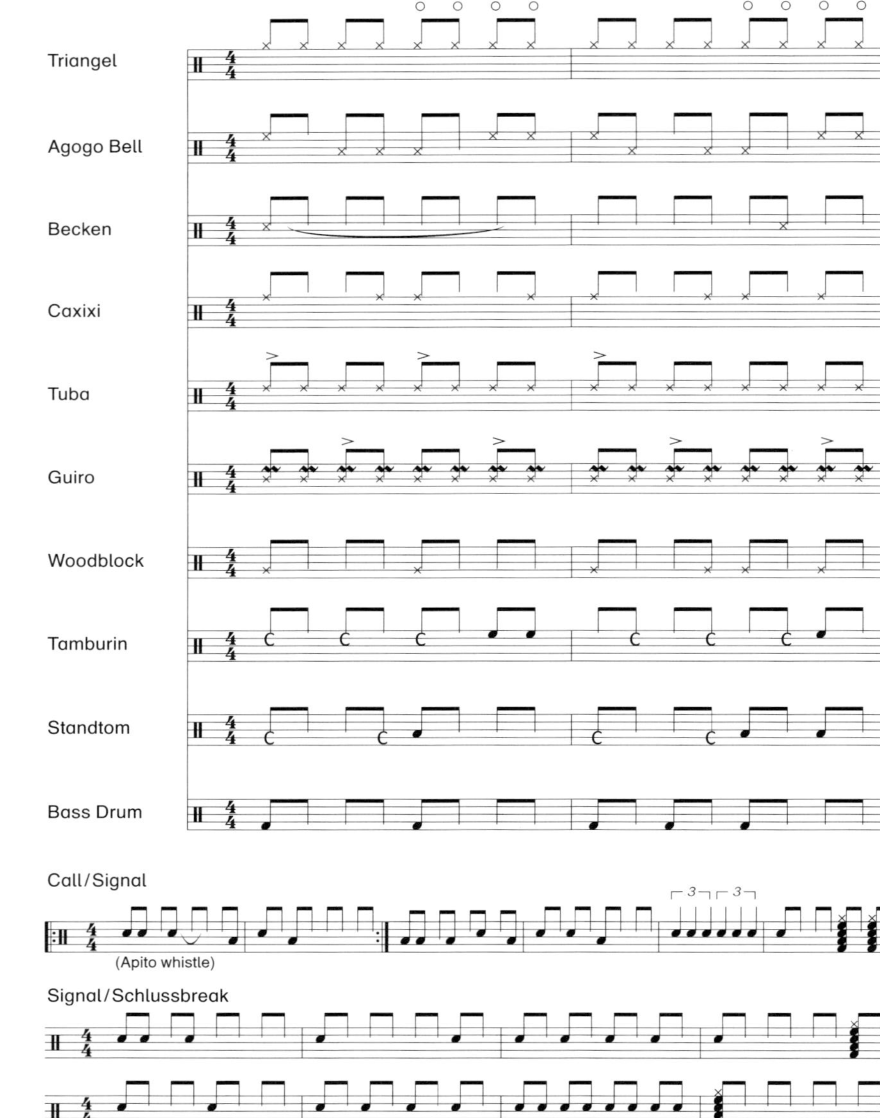

Spielsätze zur Play-along-CD „Trommeln lernen und mehr“

Rosa Nova

CD Titel 9 & 10

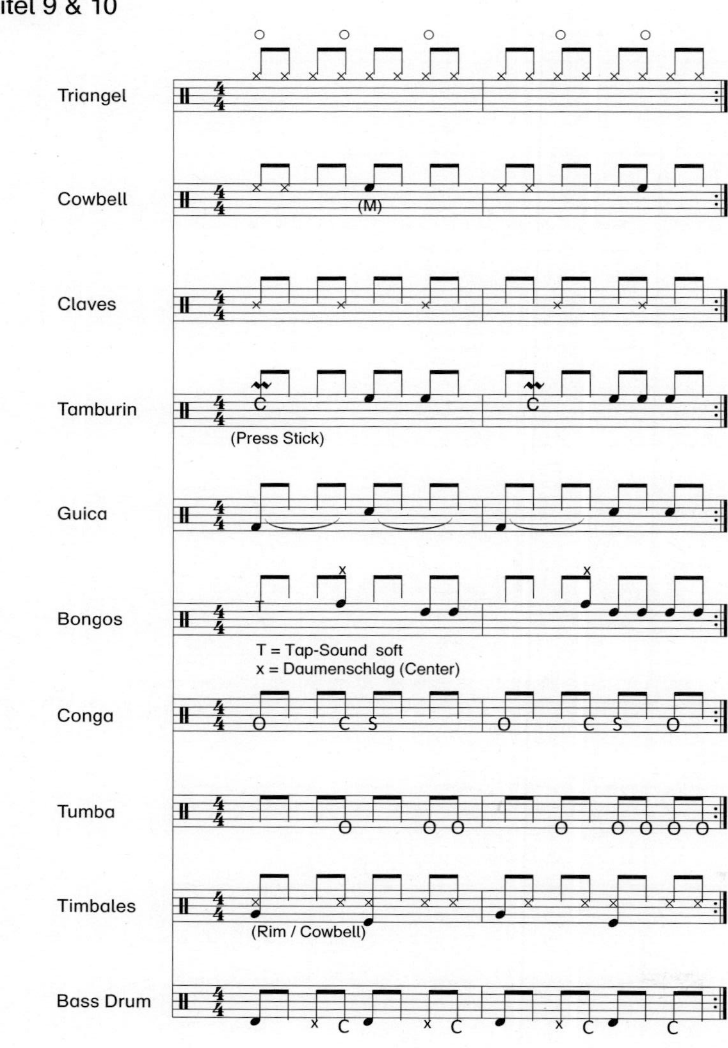

Spielsätze zur Play-along-CD „Trommeln lernen und mehr“

Oriental Express 3–3–2

CD Titel 11 & 12

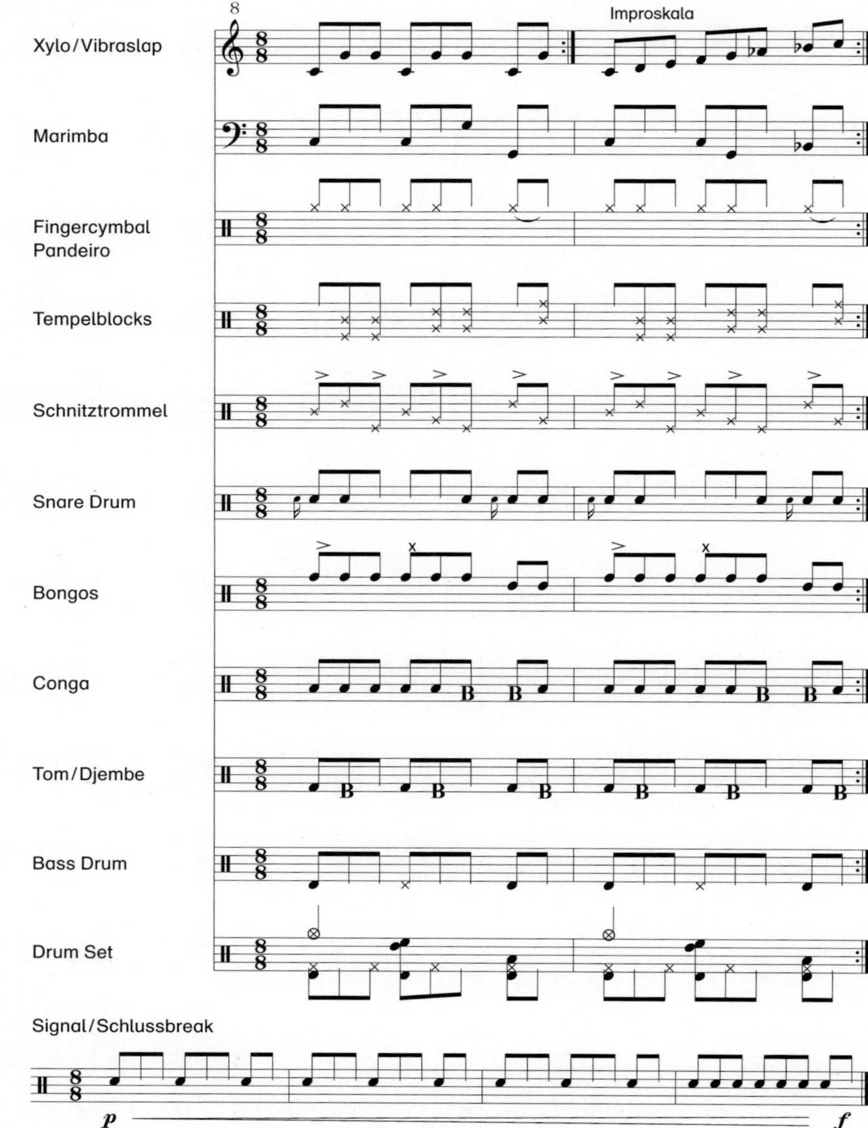

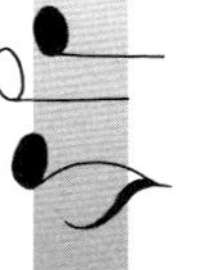

Spielsätze zur Play-along-CD „Trommeln lernen und mehr“

Afro Cuban

CD Titel 13 & 14

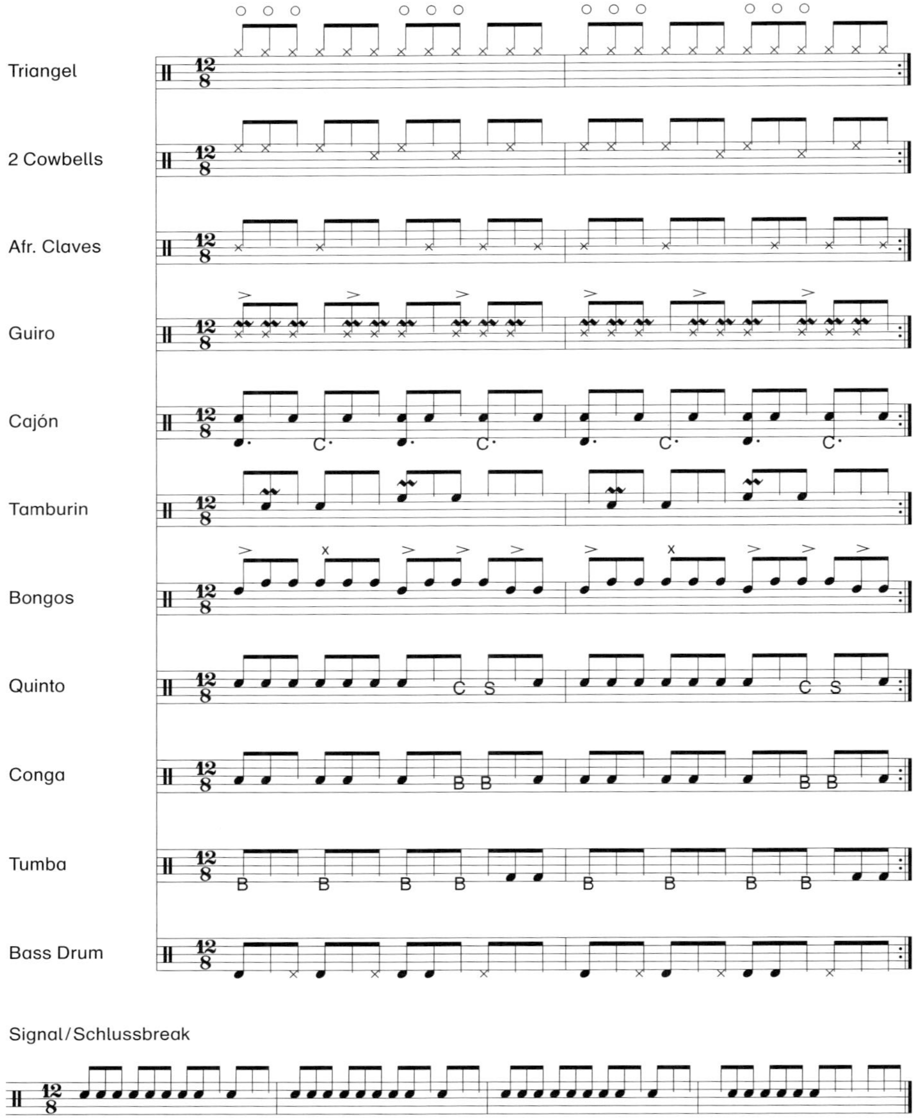

Triangel

2 Cowbells

Afr. Claves

Guiro

Cajón

Tamburin

Bongos

Quinto

Conga

Tumba

Bass Drum

Signal/Schlussbreak

Spielsätze zur Play-along-CD „Trommeln lernen und mehr“

Afro Division

CD Titel 15 & 16

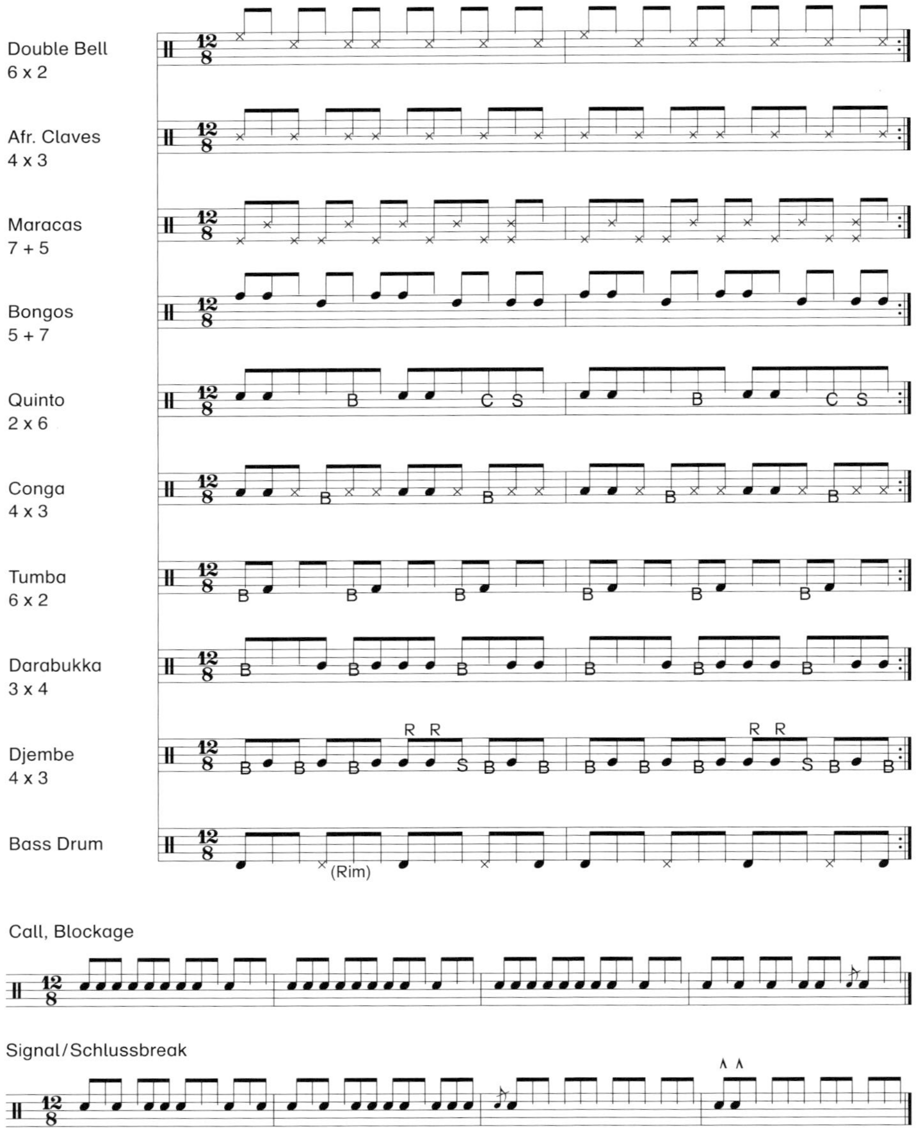

Double Bell
6 x 2

Afr. Claves
4 x 3

Maracas
7 + 5

Bongos
5 + 7

Quinto
2 x 6

Conga
4 x 3

Tumba
6 x 2

Darabukka
3 x 4

Djembe
4 x 3

Bass Drum

(Rim)

Call, Blockage

Signal/Schlussbreak

Spielsätze zur Play-along-CD „Trommeln lernen und mehr“

Latin Impulse

CD Titel 17 & 18

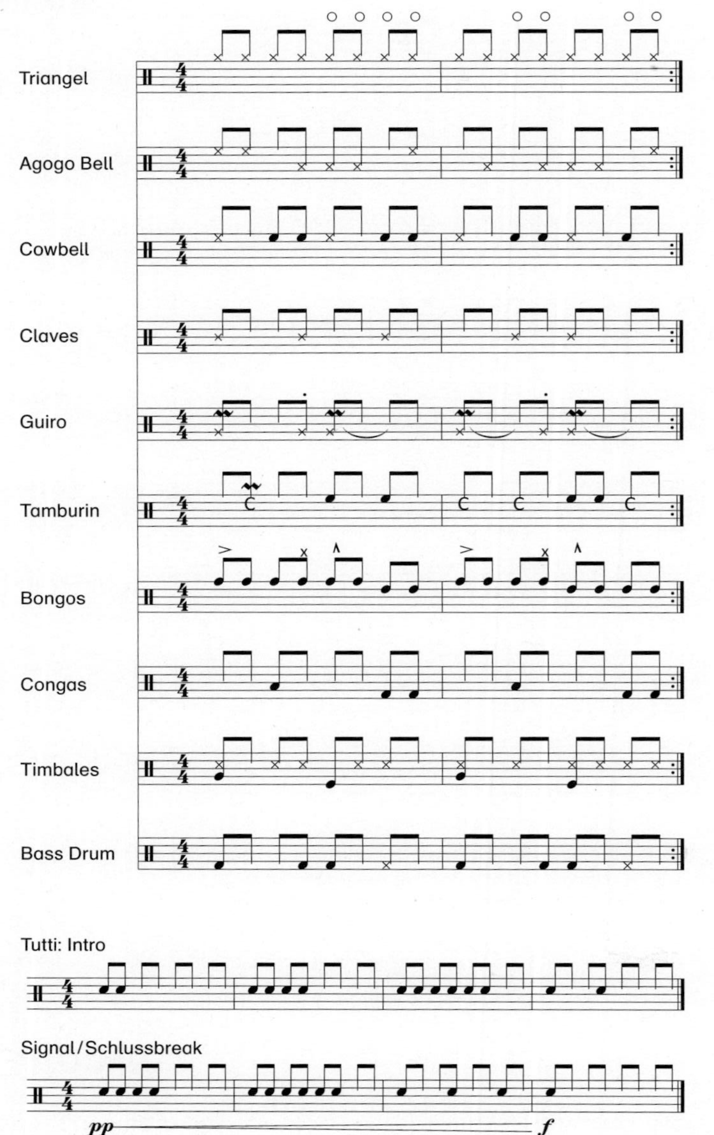

Spielsätze zur Play-along-CD „Trommeln lernen und mehr“

Lädds Fädds

CD Titel 19 & 20

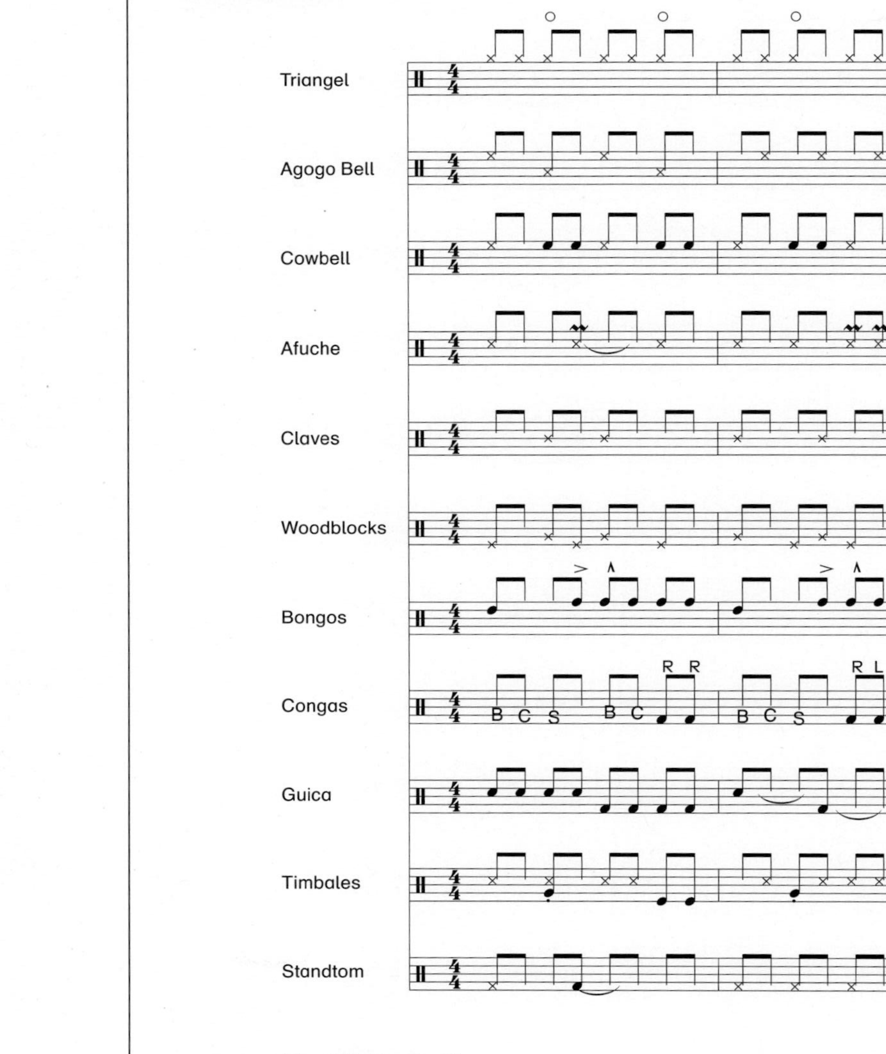

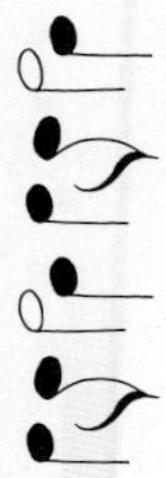

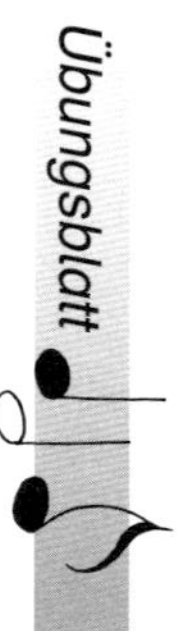

Spielsätze zur Play-along-CD „Trommeln lernen und mehr“

Latin Groove

CD Titel 21 & 22

Spielsätze zur Play-along-CD „Trommeln lernen und mehr“

Rumba Zumba

CD Titel 23 & 24

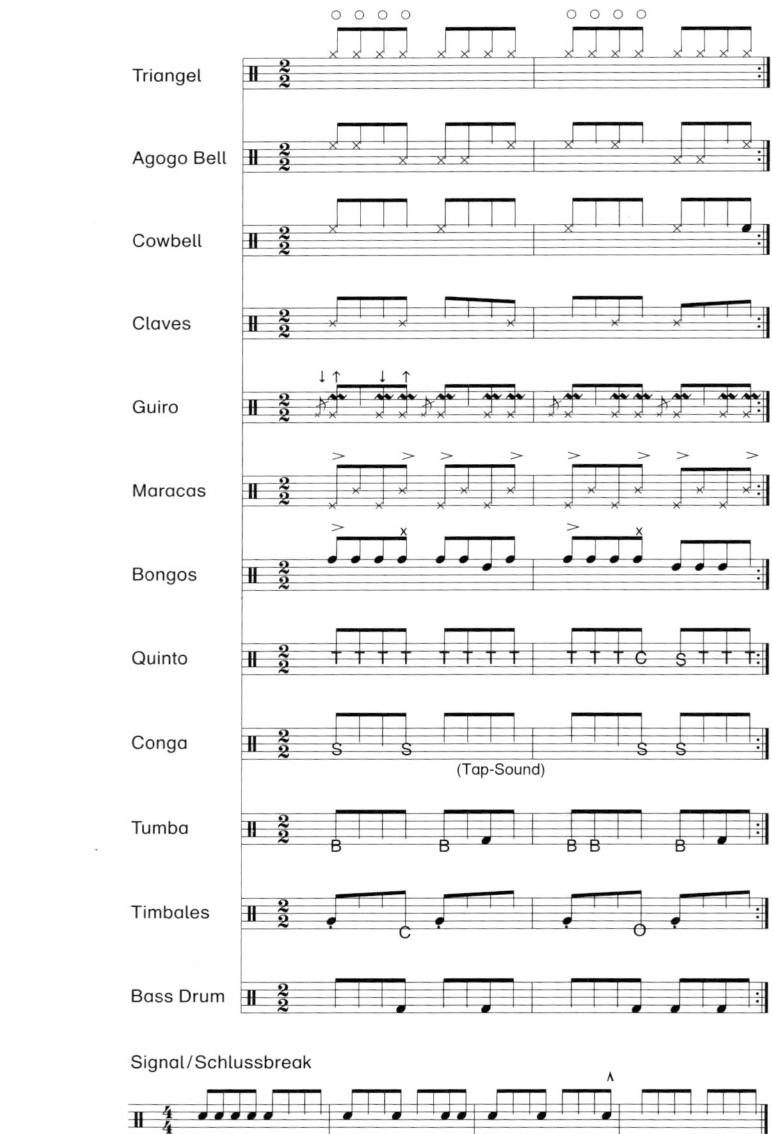

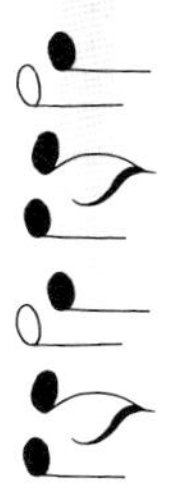

Thomas Keemss: Rhythmus, Groove und Percussion im Musikunterricht

Spielsätze zur Play-along-CD „Trommeln lernen und mehr“

Schlagwerk I

CD Titel 25 & 26

Schlitztrommel (6)
6 x 2
Sopran-Klangstäbe
F-Penta

(Korpus)

Schlitztrommel (4)
3 x 4
Alt-Klangstäbe
F-Penta

Tempelblocks (5)
2 x 3 + 3 x 2

Marimbula
4 x 3
Tenor-Klangstab F

Schlitztrommel (4)
5 + 7
Bass-Klangstäbe
F-A-C

Quinto
6 x 2
Sabar

Conga
3 x 4
Bougarabou

C S C S

Tumba
4 x 3
Djembe

B

Bass Drum
7 + 5
Djun/Sangban

Signal/Schlussbreak

* optional zu den festgelegten Stimmungen der Schlitztrommeln können mit Einzelklangstäben, Kastenstabspielen oder Alternativinstrumenten beliebige Tonreihen zusammengestellt werden.

Spielsätze zur Play-along-CD „Trommeln lernen und mehr“

Percussion Plus

CD Titel 27 & 28

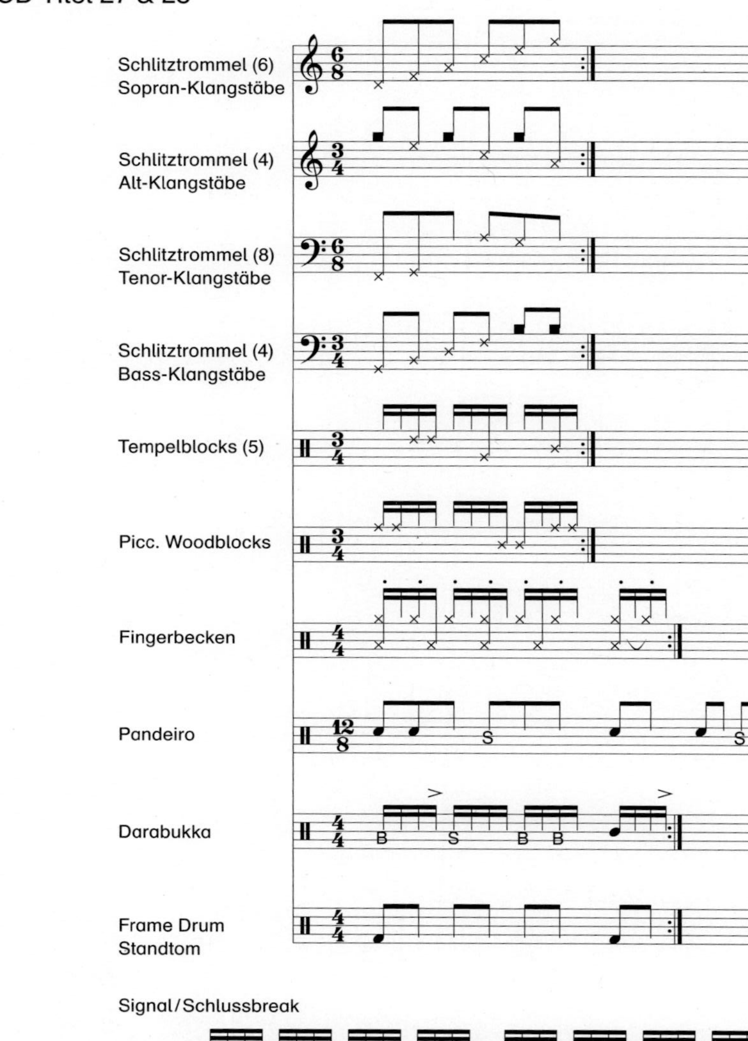

Signal/Schlussbreak

f *p*

* optional zu den festgelegten Stimmungen der Schlitztrommeln können mit Einzelklangstäben, Kastenstabspielen oder Alternativinstrumenten beliebige Tonreihen zusammengestellt werden.

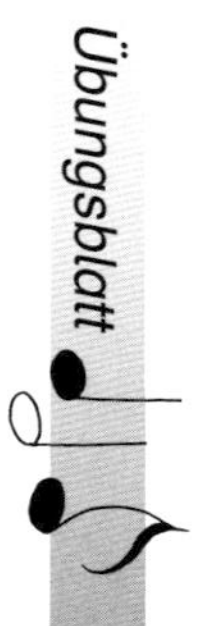

Spielsätze zur Play-along-CD „Trommeln lernen und mehr“

Logo Rhythmus

CD Titel 29 & 30

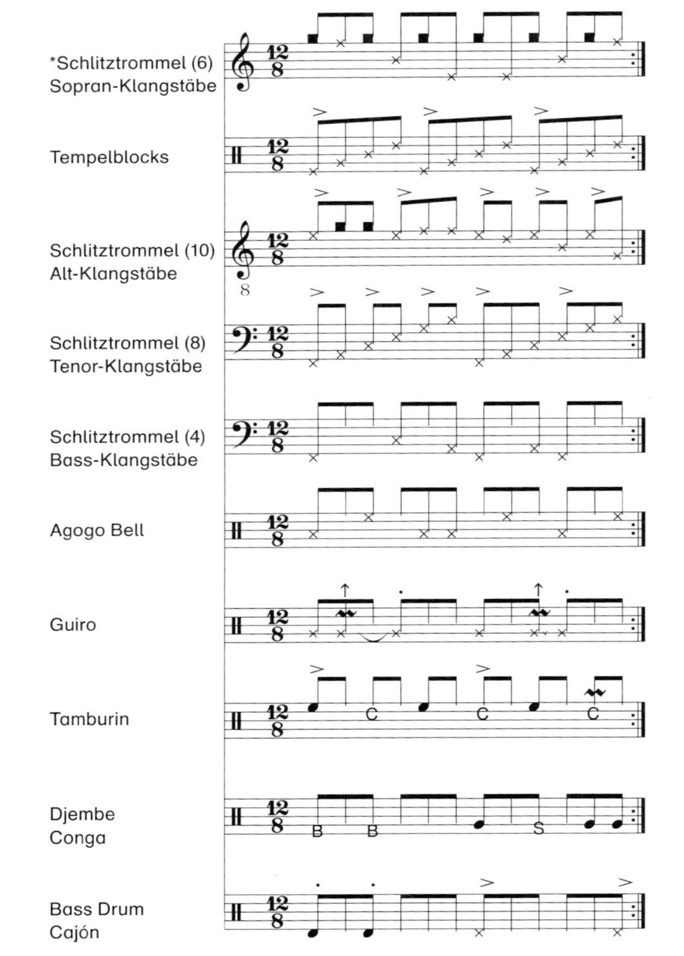

* optional zu den festgelegten Stimmungen der Schlitztrommeln können mit Einzelklangstäben, Kastenstabspielen oder Alternativinstrumenten beliebige Tonreihen zusammengestellt werden.

Spielsätze zur Play-along-CD „Trommeln lernen und mehr“

Melo Rhythmatik

CD Titel 31 & 32

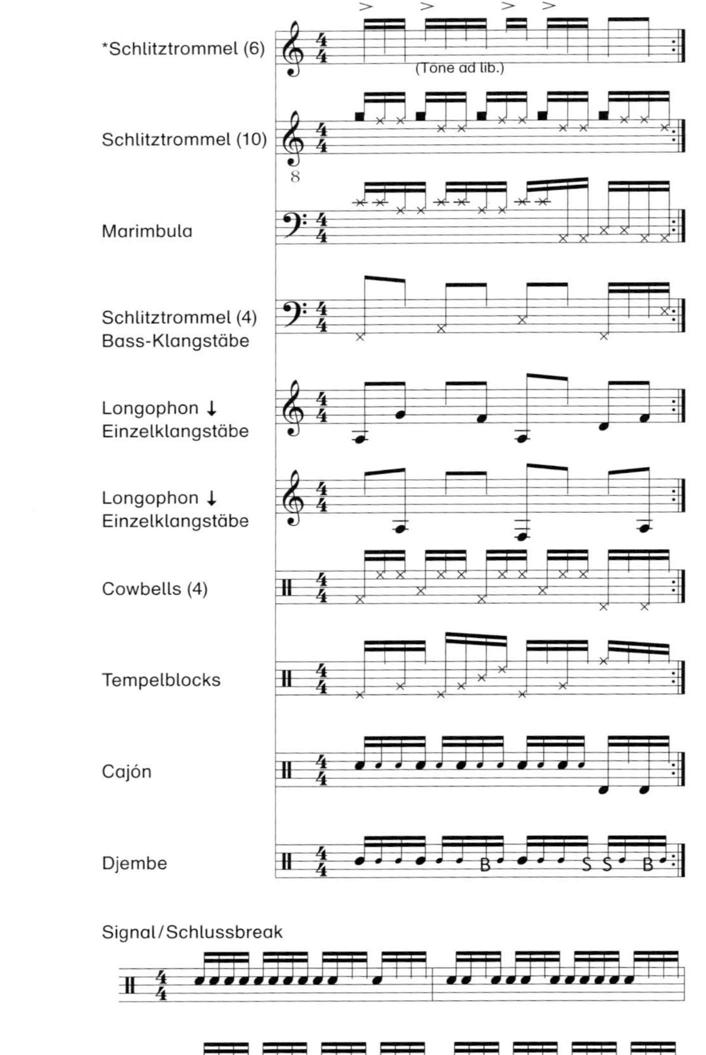

* optional zu den festgelegten Stimmungen der Schlitztrommeln können mit Einzelklangstäben, Kastenstabspielen oder Alternativinstrumenten beliebige Tonreihen zusammengestellt werden.

Hinweise zur Instrumentalausstattung für den Percussion-Unterricht an Schulen

Die folgende Zusammenstellung bietet eine kleine Orientierungshilfe, welche Schlaginstrumente sich für den Percussion-Unterricht an Schulen anbieten.
Diese Zusammenstellung ergibt sich unter Berücksichtigung sowie nach gründlicher Abwägung folgender Kriterien:

1. **Anzahl und Bezeichnung**: Die angegebene Anzahl der Instrumente orientiert sich an einer Klassenstärke von 30 Schülern. Es wurden vor allem semiprofessionelle Instrumente ausgewählt (Kategorie Bezeichnung). Hierfür entscheidend war vor allem das Verhältnis von Preis, Leistung und Qualität.
2. **Bestand**: Diese Spalte gibt Auskunft darüber, welche Instrumente als Mindestausstattung vorhanden sein sollten (M) und welche Instrumente den Bestand zur Idealausstattung ergänzen (I). Im Einzelfall finden sich auch Hinweise zu möglichen Alternativen (A, alternativ).

Anzahl und Bezeichnung	Größe (ideal)	Bestand	Bemerkungen
30 Teppichfliesen	30 cm × 30 cm	M	Practice Pads alternativ Mousepads
Membranofone:			
3 Frame Drums	20–40 cm	I	
Circle Drums		A	
1 Bass Drum	90 cm	M	plus Ständer
2 Paar Bongos		M	plus tiefer Ständer
1 Paar Timbales		M	ohne Cowbell
3 Congas	11“, 11 ¾“, 12 ½“	I	alternativ 2 Congas 10“–11“
2 Cajóns		M	evtl. 1 Bass-Cajón
1 Djembe	12“	M	
1 Drum Set	20”, 14”, 12”, 13”, 16” SD	M/I	inklusive Hardware & Becken
1 Schlagzeughocker		M	Drum-Set-Ergänzung
Idiofone Metall:			
1 Satz Hi Hat	14“	M	alternativ Komplettset 20“,
1 Ride Becken	20“	M	16“, 14“ für Drum Set
1 Crash Becken	16”	M	
Idiofone Holz:			
2 Woodblocks	klein/mittel	M	
1 Tempelblock (5)		I	alternativ Holzglockensatz
1 Ständer		I	zum Tempelblocksatz
Small Percussion:			
2 Tamburins	8“ Plastikfell	M	plus Stick oder Peitsche
2 Woodblocks	mittel	M	
2 Paar Claves	groß	M	alternativ 1 African-Claves
2 Paar Maracas	klein	M	
1 Guiro		M	plus Scraper
1 Reco Reco	m	M	plus Scraper
2 Tubos/Shaker		M	alternativ Holz/Metall
1 Multi-Guiro		I	dafür nur 1 Tubo

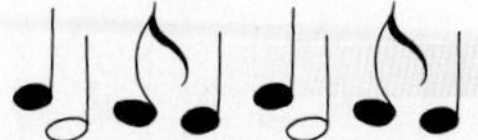

Anzahl und Bezeichnung	Größe (ideal)	Bestand	Bemerkungen
2 Caxixis	klein/mittel	M	
2 Cowbells	Cha Cha Bell	M	
2 Agogo Bells	groß	M	
2 Triangeln	groß	M	plus Anschlagstab
2 Schellenringe		M	alternativ Jingle-Stick
1 Afuche	mittel	I	alternativ Cabasa
Tuned Percussion:			
4 Sets Boomwhackers	diatonisch	M	evtl. 2 × mit Octacaps
2 Paar Klangstäbe	chromatisch	I	Tenor-Altlage
			1 Oktave
1 Schlitztrommel	F-Penta 10 Töne	I	Altlage
1 Schlitztrommel	F-Penta 6 Töne	I	Altlage
Effekt-Percussion:			
1 Barchimes	massive Stäbe	M	dazu 1 Beckenständer
1 Vibraslap		I	
1 Ocean Drum	mittelgroß	I	min. 40 cm
2 Rainmaker	ca. 120 cm	I	
Schlägelmaterial:			
30 Paar Drum-Sticks	Größe 7A	M	
2 Paar Rods/Ruten		I	alternativ zu Sticks
2 Paar Timbales-Sticks	leicht	I	
2 Paar Paukenschlägel	mittel/weich	M	
2 Paar Filzkopfschlägel		M	
2 Paar Gummischlägel	mittelhart	M	

Weitgehend unberücksichtigt bleibt bei dieser Aufstellung das Orff´sche Instrumentarium. Vorhandene Bestände der schulischen Instrumentalausstattung können uneingeschränkt verwendet werden, entsprechen aber nicht dem Idealsetting eines „percussion-orientierten“ Musikunterrichts an Schulen.

Schließlich noch einige Weblinks zu Herstellern und Anbietern, die den Einstieg in die bunte Welt der Percussion hilfreich unterstützen.
www.remo.com
www.sonor.de
www.schlagwerk.de
www.studio49.de
www.lefima.de
www.meinl.de
www.afroton.de
www.asiansound.de
[Stand: Januar 2013]

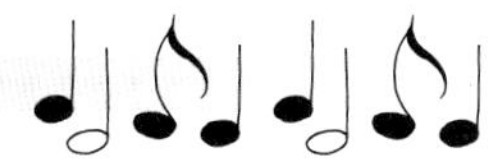

Literaturtipps

Filz, Richard: Body Percussion, Sounds and Rhythm, Alfred Music Publishing, Köln 2011
Workshop mit DVD

Götte, Ulli: Weltsprache Rhythmus, Florian Noetzel Verlag, Wilhelmshaven 2011
Musiktheorie: Rhythmus

Hart, Mickey: Planet Drums: A Celebration of Percussion and Rhythm, Harper, San Francisco 1990
Musiktheorie: Ethno-Percussion

Keemss, Thomas: Die Schule für Holzkisten – mit Play-along-CD, Zimmermann Verlag, Frankfurt 2011
Pop & Rock

Klingmann, Heinrich: Groove – Kultur – Unterricht, Transcript Verlag, Bielefeld 2010
Musikpädagogik

Kwabena Nketia, Joseph H.: Die Musik Afrikas, Verlag Heinrichshofen, Wilhelmshaven 1979
Musiktheorie: Afropercussion

Pfleiderer, Martin: Rhythmus, Transcript Verlag, Bielefeld 2006
Musikwissenschaft/Musikpsychologie

Piehl, Karsten Thabo: Die faszinierende Wirkung des Musizierens. Wie Trommeln in Gruppen zur Gewaltprävention beiträgt, Books on Demand, Norderstedt 2008
Sozialpädagogik und Trommeln

Villaseca, Cornelia: Boomwhackers: Rhythmusübungen, Spielstücke und methodische Hinweise, Auer Verlag, Donauwörth 2010
Einführung Boomwhackers

Wöhrlin, Dietrich: Latin Kompakt, Codamusic 2010
Latin Background

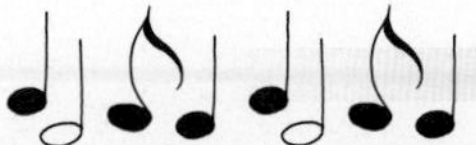

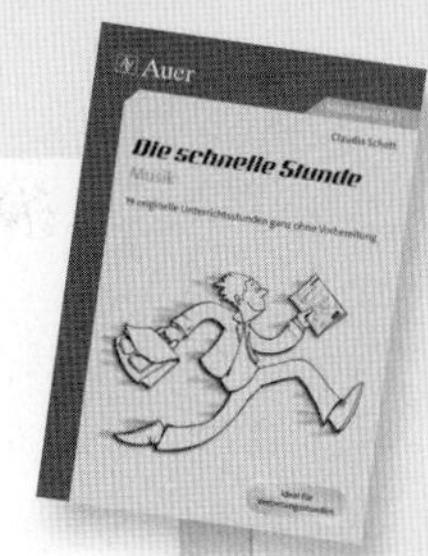

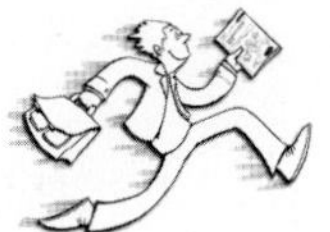

Musikquiz

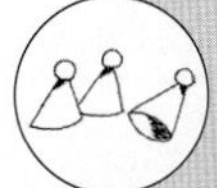

5.–6. Klasse

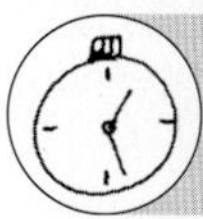

45 min

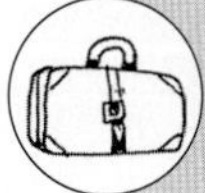

Arbeitsblatt, Folie mit Bildkarten, OHP

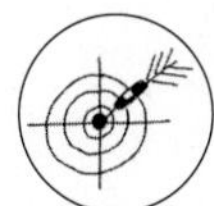

Die Schüler sollen erkennen, dass die Welt der Musik aus mehr besteht als aus „Ghettoblaster an – *Volume* hoch".

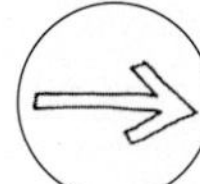

- Arbeitsblatt kopieren
- Bildkarten auf Folie kopieren
- Informieren Sie sich, während die Schüler das Quiz bearbeiten, über die Begriffe und Namen, die nicht die jeweilige Lösung darstellen (Was bedeutet „Bongo"?, Was heißt „chromatisch"? usw.).

Zwar hat Gustav Mahler einmal gesagt: „Das Beste in der Musik steht nicht in den Noten." Dennoch muss Musik irgendwie entstehen: Es braucht einen Komponisten, der die Idee zum Song hat, Noten- und Pausenwerte, mithilfe derer man diese Idee aufschreiben kann, Instrumente, die mittels Musikern die Idee zum Klingen bringen. Erst dann kommt der Ghettoblaster zum Einsatz.

Sammeln Sie zunächst mit den Schülern in einem Brainstorming kreuz und quer alles, was diesen zum Thema Musik einfällt und lassen Sie die Schüler die genannten Begriffe kurz erklären.

Anschließend erhalten die Schüler das Arbeitsblatt und bearbeiten es in Partnerarbeit. Die Reihenfolge der Bearbeitung ist frei wählbar, wobei für die Fragen 2, 5, 7, 9 und 10 die entsprechenden Bildkarten zu Hilfe genommen werden. Die Schüler haben zur Bearbeitung des Quiz 20 Minuten Zeit.

Am Ende wird das Quiz aufgelöst. Wenn möglich, lassen Sie die Schüler auch die übrigen Begriffe klären (*Goethe, Einstein, Bongo, Terz, chromatisch, Pythagoras etc.*).

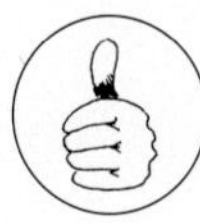

Falls ein Internetanschluss zur Verfügung steht, kann ein Schüler recherchieren, was sich hinter den „falschen" Begriffen verbirgt.

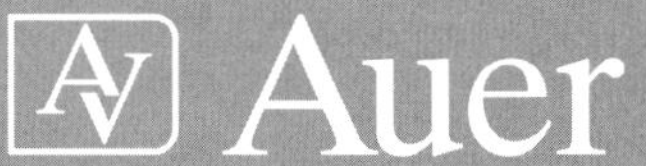

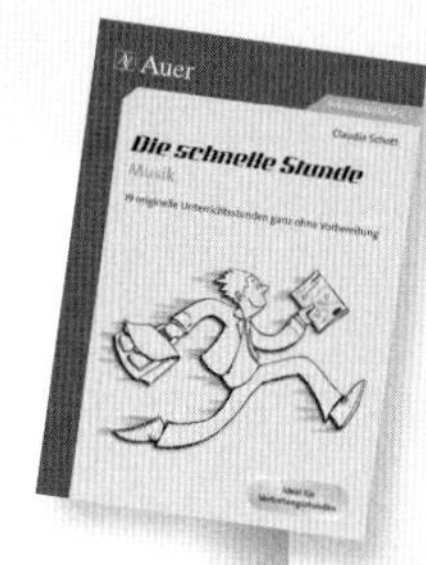

Arbeitsblatt: Musikquiz

1. Wie viele Linien hat eine Notenzeile?

2. Welches Zeichen stellt eine Viertelnote dar?

3. Welche dieser drei Personen war ein Komponist?
   a) Goethe
   b) Mozart
   c) Einstein

4. Was ist kein Tanz?
   a) Rumba
   b) Walzer
   c) Bongo

5. Ordne die drei Bilder den Instrumentennamen zu.

   Schlagzeug

   Saxofon

   Geige

6. Wie geht der Text weiter?

   Fuchs du hast die Gans gestohlen, ______________________________

   ____

7. Was ist das? ______________________________

   ____

8. Nenne drei deutsche Volkslieder.

   ____

   ____

9. Wie nennt man so etwas?
   a) Dreiklang
   b) Terz
   c) Chromatisch

10. Wer ist hier abgebildet?
    a) Pythagoras
    b) Beethoven
    c) Händel